들의 백합과 공중의 새

Lilien paa Marken og Fuglen under Himlen

Tre gudelige Taler

af

S. KIERKEGAARD

Kjøbenhavn

Paa Universitets-Boghandler C. A. Reitzels Forlag

Trykt hos Kgl. Hofbogtrykker Bianco Luno

1849

들의 백합과 공중의 새

세 개의 경건한 강화[01]

쇠렌 키르케고르 지음
이창우 옮김

카리스
아카데미

들의 백합과 공중의 새

2023년 6월 12일 초판 1쇄 발행

지은이 | 쇠렌 키르케고르
옮긴이 | 이창우

발행인 | 이창우
기획편집 | 이창우
표지 디자인 | 이형민
본문 디자인 | 이창우
교정·교열 | 나원규, 지혜령

펴낸곳 | 도서출판 카리스 아카데미
주소 | 세종시 대평로 56 515동 1902호
전화 | 대표 (044)863-1404(한국 키르케고르 연구소)
편집부 | 010-4436-1404
팩스 | (044)863-1405
이메일 | truththeway@naver.com

출판등록 | 2019년 12월 31일 제 569-2019-000052호

책값은 뒤표지에 있습니다.
ISBN 979-11-92348-01-8(세트)
ISBN 979-11-92348-20-9(94230)

들의 백합과 공중의 새

이 작품은 1849년 5월 14일에 출판되었습니다. 키르케고르는 일기에서 이 강화들을 "백합과 새에 관한 새로운 강화"라고 불렀습니다. 그의 일기를 보면 다음과 같습니다.

새와 백합에 관한 새로운 강화

그러나 아마도 당신은 다음과 같이 말한다. 오, 내가 이 땅의 모든 중력보다 더 가벼운 공중의 새가 되었다면 얼마나 좋을까. 바다에 둥지를 틀 만큼 가벼워질 수 있다면. 오, 내가 들판의 꽃처럼 될 수 있다면 얼마나 좋을까. 다시 말해, 이것은 시인이 인간의 소원이 돌아가기 바랄 수 있는 최고의 행복으로 찬양하고 있는 것임을 뜻

한다(다시 어린 시절을 원하는 것과 같은 것). 앞으로 전진해야 하는 사람에게 그들이 선생으로 임명되어야 한다니 얼마나 불공평한가.

시적으로 직접성은 우리가 돌아가기를 소원하는 바로 그 상태이다(다시 어린 시절이 되고 싶어하는 것 등). 그러나 기독교적인 관점에서, 직접성은 상실된다. 직접성으로 돌아가기를 소원하지 말아야 하며, 대신에 그것은 획득되어야 한다.

따라서 이 강화의 목적은 시(poetry)와 기독교 사이의 충돌을 발전시키는 데 있다. 어떤 의미에서 기독교는 시와 비교하여 산문체인가? (시는 소원할 만하고, 매력적이고, 마취시킨다. 그리고 삶의 현실을 동방의 꿈으로 바꾼다. 마치 소녀가 마법에 걸린 채 소파에 하루종일 누워 있기를 바랄 때처럼 말이다.) 그러나 기독교의 산문(prose)은 명확히 영원의 시이다.

물론, 이번에 새와 백합은 더 많은 색채와 화려함으로 다루어질 것이다. 명확히 시적인 것이 가야만 하는 것을 보여주기 위해서이다. 왜냐하면 시가 깃들 때(지루하고 게으른 사제의 잡담이 아니다), 축제 복장으로 입혀지기 때문이다.(Pap. VIII1 A 643)

이 주제는 특히 《다양한 정신의 건덕적 강화》의 두 번째 부분(1846년 3월 30일)에서 이미 개발된 주제였습니다. 역자는 이 작품을 2022년 《새와 백합에게 배우라》로 출판한 바 있습니다. 키르케고르의 새와 백합에 관한 강화는 《다양한 정신의 건덕적 강화》 제2부의 작품인 《새와 백합에게 배우라》와 제3부의 작품인 《복음과 함께 고난을 받으라》와의 관계를 이해하면, 이 작품을 해석하는 데 도움이 됩니다. 《새와 백합에게 배우라》에서는 새와 백합이 우리의 모범으로 등장합니다. 반면, 《복음과 함께 고난을 받으라》는 모범으로 예수 그리스도가 언급되고 있습니다. 두 모범은 근본적으로 어떤 차이가 있는 것일까요? 새와 백합이 아무리 우리의 모범이 된다 할지라도, 새와 백합은 복음으로 고난당하지는 않습니다. 이런 점에서 크리스천은 새와 백합이 이해할 수 없는 어떤 기쁨을 깨닫습니다. 즉, 복음과 함께 고난을 받을 때, 크리스천이 진정 마음속에서 경험하는 이 기쁨은 새와 백합에게는 비밀인 기쁨입니다.

　이런 점에서 실질적으로 《들의 백합과 공중의 새》는 가명의 저자 요하네스 클리마쿠스가 쓴 《결론의 비학문적 후서》에서 역설적-역사적 종교성 B인 기독교와 구별되는 종교성 A라고 불렀던 것을 나타냅니다.[02] 키르케고르는 인생의 3단계를 언급했던 인물로 널리 알려져 있습니다. 심미적 단계,

윤리적 단계, 종교적 단계가 그것입니다. 이중에서 종교적 단계는 다시 종교성 A와 종교성 B로 나눌 수 있습니다.

요하네스 클리마쿠스는 종교성 A는 이교도에도 현존할 수 있으며, 결정적으로 기독교적이지 않는 모든 사람들의 종교성일 수 있다고 말합니다.[03] 이것은 마치 소크라테스가 말한 내재적 진리와 같은 것입니다. 소크라테스는 진리는 밖에서 주어지는 것이 아니라, 자신 안에 있다고 생각했습니다. 하지만 이와 달리, 종교성 B는 변증법적인데, 존재의 전달입니다.[04] 키르케고르가 말한 본질적으로 기독교적인 것은 바로 종교성 B에 해당합니다. 역자는 결국 종교성 B가 내적으로 성숙된 자가, 예수 그리스도를 닮아 십자가로 고난당하기로 결단한 크리스천을 설명하고 있다고 생각합니다. 이것이야 말로 기독교를 나타내는 것으로 진리로, 복음으로 고난을 당하는 기독교를 말합니다.

역자는 이런 점에서 이 작품을 해석해야 한다고 생각합니다. 키르케고르는 산상수훈에 나오는 새와 백합을 통해 지속적으로 기독교를 설명하려고 합니다. 새와 백합은 본질적으로 종교성 A의 교사이지 종교성 B의 교사가 될 수 없습니다. 새와 백합은 복음과 함께 고난을 당하는 것, 죄로 인해 고난당하는 것이 무엇인지 모르기 때문입니다. 따라서 주기도문의 다섯 번째 간구인 "우리의 죄를 사하여 주시옵고"를 암시할 수 없습니다. 그의 일기를 참고하면 다음과 같습니다.

세 개의 경건한 강화

세 개의 경건한 강화에서, 주기도문의 "나라가 임하시오며"라는 간구는 사용되지 않는다. 왜냐하면 이 주제(침묵)의 강조점은 가장 강하게 "이름이 거룩히 여김을 받으시오며"에 있어야 하기 때문이며, 또한 더 구체적으로 강화 2장에서 "뜻이 하늘에서 이루어진 것 같이 땅에서도 이루어지이다."의 간구에 있기 때문이다. 이 간구는 이 주제(순종)에 더 적합하다. 더욱이, "우리가 우리에게 죄 지은 자를 사하여 준 것같이 우리의 죄를 사하여 주시옵고"의 간구 역시 사용될 수 없다. 왜냐하면 이와 관련하여 새와 백합은 우리의 선생이 될 수 없기 때문이다. 마지막으로, "오늘 우리에게 일용할 양식을 주시옵고"의 간구도 사용될 수 없다. 왜냐하면 이 간구는 이미 초기 강화에서 구체적으로 다루어졌기 때문이다.[05](Pap. X1 A 252)

이 작품은 시적이면서도 문학적입니다. 한 마디로 기독교 문학입니다. 그러면서도 읽는 독자에게 기독교의 본질이 무엇인지 끊임없이 생각하도록 자극합니다. 짧은 3개의 강화로 이루어져 있지만, 기독교의 핵심적인 내용을 다루고 있음에 놀라지 않을 수 없습니다. 이 책을 통해, 침묵, 순종, 기쁨이 무엇을 의미하는지 깊이 깨닫고 더욱 삶이 풍성해지기를 축복합니다.

권위 없이

역자는 키르케고르의 작품 중에 짧은 단편 5편을 《권위 없이》라는 시리즈로 출간하고자 합니다. 다섯 편의 제목은 다음과 같습니다. 《들의 백합과 공중의 새》(Lilien paa Marken og Fuglen under Himlen), 《두 개의 윤리-종교적 소론》(Tvende ethisk-religieuse Smaa-Afhandlinger), 《대제사장, 세리, 죄인》(Ypperstepræsten, Tolderen, Synderinden), 《하나의 건덕적 강화》(En opbyggelig Tale), 《금요일 성찬식에서의 두 개의 강화》(To Taler ved Altergangen om Fredagen)입니다.

이 다섯 편의 단편 작품집의 공통된 특징은 키르케고르가 자신과 자신의 저술에 대한 권리포기각서와 같다는 것입니다. 즉, '권위'가 없습니다. 그는 자신을 "본성상 시인적인 면이 있고, 다른 면에서는 사상가"로 여겼습니다. 그리하여 다음과 같이 말하였습니다.

> "그렇습니다. 제가 이 말을 얼마나 자주 반복하였는지요. 저에게 매우 중요하고 결정적인 진술, 제 자신에 대한 첫 번째 진술은 이것입니다. 저는 권위가 없는 사람입니다."[06]

권위에 대한 부인은 오른손으로 제공된 본명의 강화 시리즈의 첫 번째 책인《두 개의 건덕적 강화》(1843년)의 서문과 왼손으로 제공된 가명의 사상서 시리즈의 첫 번째 책인《이것이냐 저것이냐》와 동반되어 처음 등장합니다. 서문에서 그는 이 책을 "저자가 설교할 권한이 없기 때문에 '설교'가 아니라 '강화'라고 부르고, 화자가 결코 교사라고 주장하지 않기 때문에 '건덕을 위한 강화'가 아니라 '건덕적 강화'라고 부른다."라고 밝힙니다.[07]

키르케고르는《결론의 비학문적 후서》(1846년 2월 27일)를 끝으로 작가 활동을 중단하고(토마신 질렘부르크의 《두 시대》와 같은 다른 사람들의 글에 대한 일부 리뷰 제외) 시골 목사나 교사로 임명을 받으려고 했습니다. 코르사르 사건으로 인해 그는 그 자리에 머물면서 계속 글을 쓰기로 결심했습니다. 5년 동안 엄청난 규모로 글을 썼고, 두 번째 저술을 시작하였습니다. 서른 두 살의 나이에 작가로 은퇴한 후, 5년 동안 엄청난 규모로 글쓰기를 시작한 것입니다!

이 두 번째 기간 동안 두 개의 병렬 시리즈가 계속되었지만 오른손의 작품에 대한 강조의 양적 및 질적 변화가 있었습니다. 본명의 작품 《다양한 정신의 건덕적 강화》(1847년 3월 13일)와 사랑의 역사(1847년 9월 29일)가 있은 후, 《기독교 강화》(1848년 4월 26일)가 나왔고, 이는 가명 Inter et Inter가 쓴 《위기 및 여배우의 삶에서의 한 위기》(1848년 7월 24-27일)와 함께 제공되었습니다. 이 시점에서 키르케고르는 다시 작가로서의 자신의 일을 끝내려 했기 때문에 여배우 루이스 하이버그의 미적 작품이 왼손 시리즈에 등장하는 것은 그에게 중요했습니다.

그러나 키르케고르의 정신은 중단을 허용하기에는 너무 활동적이었습니다. 1849년에서 1851년 사이에 이 책에 실린 다섯 편의 작품뿐만 아니라 《죽음에 이르는 병》(1849년 7월 30일)과 《기독교의 실천》(1850년 9월 25일)이 새로운 가명인 안티클리마쿠스로, 그리고 본명의 작품인 《작가로서 나의 작품에 대하여》(1851년 8월 7일)와 《자기 시험을 위하여》(1851년 9월 12일)가 발표되었습니다. 또한 "아들러에 관한 책"이 집필 및 수정되었습니다. "작가로서 나의 작품에 대한 관점", "무장된 중립", "스스로 판단하라", "윤리-종교적 소론의 한 주기" 역시 이 시기에 저술되었습니다. 이 모든 작품은 "윤리-종교적 소론의 한 주기"의 두 부분에 해당되는 가명의 H. H가 쓴 《두 개의 윤리-종교적 소론》(1849년 5월 19일)을 제외하고서는 그 당시에 출판되지 못했습니다.

이 두 번째 시기에는 본명의 작품인 《들의 백합과 공중의 새》(1849년 5월 14일)와 가명의 시리즈 첫 번째 작품인 《이것이냐 저것이냐》의 두 번째 판이 출판되면서, 상징적으로 왼손과 오른손의 독창적인 병행 방식이 계속되었습니다. 그 후에도 본명과 가명의 작품의 두 가지 병행 시리즈가 계속되었지만 차이점이 있었습니다. 새로운 가명인 안티 클리마쿠스는 《철학적 단편》, 또는 《철학의 부스러기》, 《요하네스 클리마쿠스, 또는 드 옴니버스 두비탄둠 에스트》, 《결론의 비학문적 후서》를 쓴 요하네스 클리마쿠스보다 더 높은 차원에 속합니다. 요하네스 클리마쿠스와 안티 클리마쿠스가 출간한 네 권의 책에서 키르케고르는 편집자로 이름을 올렸습니다. 《죽음에 이르는 병》(1849년 7월 30일)과 비슷한 시기에 출판된 작품으로는 《금요일 성찬식에서의 세 개의 강화》(1849년 11월 14일)와 《기독교의 실천》(1850년 9월 25일), 《하나의 건덕적 강화》(1850년 12

월 20일)가 있으며 표로 나타내면 다음과 같습니다.

가명의 작품	본명의 작품
1848년 6월 24, 25, 26, 27일 《위기 및 여배우의 삶에서의 한 위기》	1848년 4월 26일 《기독교 강화》
1849년 5월 19일 《두 개의 윤리-종교적 소론》	1849년 5월 14일 《들의 백합과 공중의 새》
1849년 6월 30일 《죽음에 이르는 병》	1849년 11월 14일 《금요일 성찬식에서의 세 개의 강화: 대제사장, 세리, 죄 많은 여인》
1850년 9월 25일 《기독교의 실천》	1850년 12월 20일 《하나의 건덕적 강화》
	1851년 8월 7일 《금요일 성찬식에서의 두 개의 강화》
	1851년 9월 12일 《자기 시험을 위하여》

1849년 회고록에서 키르케고르는 이 복잡한 저술 전체를 "시인으로부터, 미학적인 것으로부터(철학자로부터, 사변적인 것으로부터) 본질적으로 기독교적인 것에 대한 가장 내면적인 암시에 이르는 데까지 있었고, 내가 저자로 이름을 올린《두 개의

건덕적 강화》와 직접적으로 동반된 가명의 《이것이냐 저것이냐》로부터, 편집자로 이름을 올린 《결론의 비학문적 후서》를 거쳐, 내가 최근에 쓴 작품인 《금요일 성찬식에서의 강화》까지이며, 그 중 두 개의 강화는 성모 교회에서 설교되었다.”라고 말합니다. 나중에 1849년, 상당한 추가 집필과 가명의 《기독교의 실천》을 완성한 후, 그는 《금요일 성찬식에서의 세 개의 건덕적 강화》에 관해 다음과 같이 썼습니다.

“나는 안식처가 있어야 하지만 가명을 안식처로 사용할 수 없다. 그것들은 안티 클리마쿠스와 병행이며, 《금요일 성찬식에서의 강화》의 입장이 저자의 안식처로 단번에 지정된다.”

《금요일 성찬식에서의 두 개의 강화》는 1849년에 쓰였지만, 1851년 8월 7일에 출판되었습니다. 1851년 9월 12일에 출판된 마지막 작품 《자기 시험을 위하여》보다 몇 주 전에 출판된 것이지요. 그 이후에는 3년의 침묵기가 있었습니다. 결국, 이 작품은 저자의 안식처가 되었습니다. 그는 이 작품의 서문에서 다음과 같이 말합니다.

《이것이냐 저것이냐》에서 시작하여 한 걸음 한 걸음 나아갔던 저자는 자신의 불완전함과 죄책감을 가장 잘 알고 있는 제단 밑에서 결정적인 안식처를 찾습니다. 그는 이곳에서 자신을 진리의 증인이라고 부르지 않고 기껏해야 한 사람의 시인이자 사상가일 뿐이라고 말합니다. 권위가 없으며, 새롭게 가져올 것이 아무것도 없습니다. 다만, "가능하다면 더 내면적인 방식으로 개별 인간 존재-관계의 원래의 본문을 통해, 교부들로부터 전해 내려오는 오래된 친숙한 본문을 다시 한 번 읽고 싶었습니다."

역자는 간단하게 이 작품과 관계하고 있는 역사적 맥락을 설명하였습니다. 이후에 비슷한 시기에 저술된 강화를 『권위 없이』 시리즈로 출간하겠습니다. 이 작품과 관련된 더 자세한 설명은 이 책 3장 이후의 해제를 참고하십시오.

|일러두기|
번역대본으로는 Søren Kierkegaard, *Without Authority*, tr. Howard V. Hong and Edna H. Hong, Princeton: Princeton University Press, 1997을 번역하면서, 덴마크의 키르케고르 연구소에서 제공하는 덴마크어 원문과 주석을 참고하였다. 부언한다면, 만연체의 문장을 단문으로 바꾸었고, 분명하지 않은 지시대명사를 구체적으로 표현했고, 독자들의 이해를 돕기 위해 문장을 추가한 곳도 있다. 가능하면 쉬운 어휘를 선택했다는 점을 밝힌다. 중요 단어는 영어와 덴마크어를 병기하여 의미를 명확히 하고자 했다.
성경구절의 인용은 한글 개역개정판 성경을 사용하였고, 가능하면 성경의 어휘를 사용하여 원문을 번역하였다.

서문

　　이 작은 책이 "내가 기쁨과 감사로 나의 독자라고 부르는 저 단독자"에게 예전과 같은 기억을 가져오게 될 것을 나는 소망해 봅니다: "그 책이 숨겨진 채 나타난 것처럼, 이 책 역시 숨겨진 채 남아 있기를 바랍니다. 마치 큰 숲의 표면 아래에 피어 있는 작은 꽃처럼."[08] 이 작은 책이 등장하는 상황에 비추어 볼 때 이것은 나의 첫 번째 것을, 특별히 《이것이냐 저것이냐》가 나온 직후에 나왔던 1843년의 두 개의 건덕적 강화의 서문에서의 첫 번째 것을 생각나게 합니다.[09] 나의 독자는 책이 나온 상황에 의해 이것을 생각하게 될 것입니다. 결과적으로 내가 1844년에 두 개의 건덕적 강화의 서문을 생각하게 된 것처럼, 나의 독자도 그 서문을 생각하게 되기를 나는 소망합니다. 즉, 가명의 저자의 책은 왼손으로 내놓은 반면,[10] "이 책은 오른손으로 내놓습니다."[11]

1849년 5월 5일[12]
S.K.

기도

하늘에 계신 아버지,
사람들과 함께하는 우리가,
특별히 군중들과 함께하는 우리가,
어렵게 알게 된 것.

우리가 다른 곳에서 그것을 알게 되었더라면,
사람들과 함께, 특별히 군중들과 함께,
너무 쉽게 잊어버렸던 것.

즉, **사람이 된다는 것**이 무엇인지,
사람이 되기 위한 경건한 요구조건은 무엇인지,

원컨대,

우리가 그것을 배우게 하소서.

우리가 그것을 잊어버린다면,

우리가 새와 백합을 통해 다시 배우게 하소서.

원컨대,

우리가 그것을 즉시 배울 수 없다면,

그것들 중에 몇 가지를 조금씩 배우게 하소서.

원컨대,

새와 백합을 통해,

우리가 이 시간 침묵, 순종, 기쁨을 배우게 하소서!

24. 한 사람이 두 주인을 섬기지 못할 것이니 혹 이를 미워하고 저를 사랑하거나 혹 이를 중히 여기고 저를 경히 여김이라. 너희가 하나님과 재물을 겸하여 섬기지 못하느니라.

25. 그러므로 내가 너희에게 이르노니 목숨을 위하여 무엇을 먹을까 무엇을 마실까 몸을 위하여 무엇을 입을까 염려하지 말라. 목숨이 음식보다 중하지 아니하며 몸이 의복보다 중하지 아니하냐.

26. 공중의 새를 보라 심지도 않고 거두지도 않고 창고에 모아들이지도 아니하되 너희 하늘 아버지께서 기르시나니 너희는 그것들보다 귀하지 아니하냐.

27. 너희 중에 누가 염려함으로 그 키를 한 자라도 더할 수 있겠느냐.

28. 또 너희가 어찌 의복을 위하여 염려하느냐. 들의 백합화가 어떻게 자라는가 생각하여 보라. 수고도 아니하고 길

쌈도 아니하느니라.

29. 그러나 내가 너희에게 말하노니 솔로몬의 모든 영광으로도 입은 것이 이 꽃 하나만 같지 못하였느니라.

30. 오늘 있다가 내일 아궁이에 던져지는 들풀도 하나님이 이렇게 입히시거든 하물며 너희일까보냐 믿음이 작은 자들아.

31. 그러므로 염려하여 이르기를 무엇을 먹을까 무엇을 마실까 무엇을 입을까 하지 말라.

32. 이는 다 이방인들이 구하는 것이라. 너희 하늘 아버지께서 이 모든 것이 너희에게 있어야 할 줄을 아시느니라.

33. 그런즉 너희는 먼저 그의 나라와 그의 의를 구하라. 그리하면 이 모든 것이 너희에게 더하시리라.

34. 그러므로 내일 일을 위하여 염려하지 말라. 내일 일은 내일 염려할 것이요, 한 날의 괴로움은 그날로 족하니라.

참고 자료

01 그의 강화 중에서, "경건한"이라는 수식어가 붙은 강화는 이것뿐이다.

02 다음을 참고하라. Concluding Unscientific Postscript, pp. 555-61, KWXll.1 (SVVII 484-90).

03 Ibid., 556.

04 Ibid., 559.

05 여기에서 언급하고 있는 것은 1848년 출판된《기독교 강화》제1부의 작품으로, 한국에는《이방인의 염려》로 출판되었다. 다음을 참고하라. 쇠렌 키르케고르.《이방인의 염려》이창우 역. 세종: 카리스 아카데미, 2022.

06 이 부분에 대하여는 다음을 참고하라. Pap. IX B 10, p. 311. 또한, 다음을 보라.

"이것은 시대에 대한 나의 견해 또는 개념, 보잘것없는 사람이 관점이다. 그는 본성상 시인의 것을 가지고 있으며, 다른 측면에서는 일종의 사상가이다. 그러나 내가 얼마나 자주 반복하였는가. 나에게 매우 중요하고 결정적인 나 자신에 대한 첫 번째 진술, 그것은 내가 '권위가 없다'라는 것이다."—Pap. IX B 22 n.d., 1848

"아들러에 관한 책 세 번째 판에서"

부록 II ...

참고. 그러나 아마도 어떤 독자는 매지스터 키르케고르가[나중에 다음과 같이 변경됨: 나는] 항상 자신[나 자신]에 대해 권위가 없는 저자라는 표현을 사용했으며, 모든 서문에서 공식처럼 반복될 정도로 이 표현을 매우 강조하여 사용했다. 권위는 사도적 소명이거나 안수의 특별한 특성이다. 설교는 바로 이 권위를 사용하는 것이다. 이것이 바로 설교의 본질임이 우리 시대에는 완전히 잊혔다. 모든 신학교 졸업생이 알고 있는 사실이며, 심지어 교훈적인 검토에서조차도 매지스터 키에르케고르를 가르치는 방법을 알고 있다. 그[나]가 운이 좋은 시대에, 그의[나의] 《두개의 건덕적 강화》(1843년)에서 현재에 이르기까지 그를[나를] 명확히 사로잡았던 것과 관련하여 어떤 정보도 얻지 못한 유일한 신학교 졸업생이기 때문이다.—Pap. VIII2 B 9:17 n.d., 1847

또한 H. H.는 서문에서 다음과 같이 선언했다: 이 책은 본질적으로 신학자들만 관심을 가질 수 있을 것이다. 따라서 신학분야에 중점이 있다. 마지막으로, 나는 계속해서 그렇게 비범한 척하지 않았다는 것을 지적하기 위해, 두 번째 소론에서 가장 강조된 진술이 포함되어 있다. 다시 말해 나는 "권위가 없다." 나는 사도가 아닌 천재이다. 나 자신을 사도보다 엄청나게 높게 생각하는 것은 미친 것임을 말할 필요가 없다.

그러나 이 문제는 제시되어야 한다. 나는 이 유한성의 허풍을 피하기 위해 가능한 모든 노력을 기울였다. 그러나 사람들은 여전히 이런 허풍에 빠져들 수 있다.

나는 마지막에 이것을 유머러스하게 비틀고 싶다.—이것이 나에게 가장 만족스러울 것이다.—그러나 나는 편의상 생략한다. 사람들은 충분히 어리석기 때문에 나는 그들을 완전히 혼란스럽게 하지 않기 위해 유머러스하게, 조심스럽게 농담과 진지함의 일치를 사용해야 한다.—Pap. X1 A 328 n.d., 1849

또한, 예를 들어, 다음을 보라. For Self-Examination, p. 3, KW XXI (SV XII 295); On My Work as an Author, in The Point of View. KW XXII (SV XIII 494, 501, 505); The Point of View for My Work as an Author, in The Point of View, KWXXII (SVXIII 494, 501, 505, 563, 571, 604); JP II 1258; VI 6220, 6577 (Pap. X2 A 159; IX A 189; X2 A 375).

키르케고르의 작품에서 권위의 개념에 대하여는 다음을 보라. The Book on Adler, Historical Introduction, KW XXIV.

07 이 부분에 대하여는 다음을 참고하라.

Two Discourses (1843), in Eighteen Discourses, p. 5, KWV (SVIII 11). The phrase "its author does not have authority" is repeated in the prefaces to the other five volumes included in Eighteen Discourses, pp. 53, 107, 179, 231, 295, KWV (SVIII 271; IV 7, 73, 121; V 79).

08 이 인용은 1843년의 두 개의 강화에서도 인용된다. 다음을 보라. Eighteen Discourses, p. 5, KW V (SV III 11), 《신앙의 기대》 표재명 역 (서울: 프리칭 아카데미, 2009), 9.

09 키르케고르는 이 강화를 1849년 5월 14일 《이것이냐 저것이냐》의 재판과 함께 내놓았다. 그는 1843년에 《이것이냐 저것이냐》와 함께 《두 개의 건덕적 강화》를 내놓은 적이 있었다. 이 강화는 같은 방식으로, "왼손으로 제공된 것과 오른 손으로 제공된 것의 차이를 구별하기 위해" 《이것이냐 저것이냐》의 두 번째 판과 함께 내놓았다.

10 다음을 참고하라.

그런데, "왼손으로 내밀었고 내밀고 있는 가명들과 대조적으로"라는 백합과 새에 관한 세 개의 경건한 강화의 서문에서 말하고 있는 것은 주목할 만하다. 의심할 여지없이, 이것은 《이것이냐 저것이냐》의 두 번째 판을 언급하게 될 때, 가장 잘 이해할 수 있다. 그러나 이것은 또한 새로운 가명과 관련하여 중요하게 되었다. -Pap. X1 A 549 n.d., 1849

여기에서 말하는 새로운 가명의 저자는 안티 클리마쿠스(Anti-Climacus)로, 《죽음에 이르는 병》(1849년 6월 30일 출간)과 《그리스도교 훈련》(1850년 9월 27일 출간)의 저자이다.

11 다음을 보라. Four Discourses(1844), in Eighteen Discourses, p. 179, KW V (SV IV 73).

12 1849년 5월 5일은 키르케고르의 서른여섯 번째 생일이다.

13 마태복음 6:24-34, 다음을 보라. Christian Discourses, KW XVII (SV X 14-15), 그리고 Judge for Yourself! p. 149, KW XXI (SV XII 423-24).

침묵

"공중의 새를 보라. 들의 백합을 생각해 보라."

시인

⁰¹그러나 당신은 아마도 '시인'과 함께 이야기하고 있고 시인이 다음과 같이 말하는 것을 듣고 싶습니다.

"오, 내가 만일 새였다면, 내가 새와 같았다면, 내가 자유로운 새와 같았다면 얼마나 좋을까! 여행 중에 즐거워하고, 바다와 육지를 오가며 멀리 멀리 날아다닐 텐데. 저 창공 높이 오르기도 하고, 저 멀리 땅에 내려앉기도 했을 텐데.

아, 슬프다. 나는 이 장소에 묶여 족쇄가 채워지고 못 박혀 고정되어 있는 것처럼 느껴지는구나. 매일 거기에서 염려와 고통과 불행(adversities)만이 내가 거기에 살고 있다는 것을 나타내는구나. 아, 나의 모든 인생이여!

오, 내가 새였더라면, 내가 새처럼 이 땅의 중력보다도 더 가볍게 저 공중으로 오를 수 있다면, 이 공기보다도 더 가볍게 오를 수 있다면 얼마나 좋을까.

오, 새가 발 디딜 곳을 찾을 때, 심지어 바다의 표면 위에 둥지를 틀 때,[02] 내가 이 가벼운 새가 될 수 있다면 얼마나 좋을까.

아, 슬프다. 내가 움직이기만 하면, 눈곱만큼의 움직임에서조차 무게가 나를 짓누르는 것처럼 느껴지는구나!

오, 내가 만일 새였다면, 내가 새와 같았다면, **모든 생각으로부터 자유로운 새**였다면, 노래하고 있는 저 작은 새와 같다면 얼마나 좋을까. 그는 아무도 듣지 않아도 겸손하게 노래한다. 그는 아무도 듣지 않아도 자랑스럽게 노래한다.

아, 슬프다. 나는 나 자신을 위해 단 한순간도 가진 적이 없고 어떤 것도 가진 적이 없다. 수천 가지의 생각에 봉사하느라 나 자신은 분열되어야 하다니!

오, 내가 만일 꽃이었다면, 내가 저 초원의 꽃과 같았다면, 나는 나 자신과 행복하게 사랑에 빠졌을 것이고 그 이상 아무 것도 없었을 것이다.

아, 슬프다. 인간의 마음처럼 나의 마음은 분열되어 있구나. 나는 이기적으로 모든 것과 단절함으로써 나 자신을 기뻐할 수도 없고, 사랑 안에서 모든 것을 희생할 수도 없구나!"

시인은 이렇게 말합니다. 당신이 우연히 그의 이야기를 듣는다면, 그는 복음이 말하는 것을 이야기하는 것처럼 들립니다. 결국, 그는 가장 훌륭한 용어로 새와 백합의 행복에 대하여 찬양한 것이지요. 그러나 조금만 더 들어 보십시오.

"이런 이유로 복음이 새와 백합을 찬양하고 '너희도 새와 백합처럼 되어야 한다'라고 말하다니, 복음은 정말로 잔인하다.

슬프다. 그 소원이 그토록 진실하다고, 그토록 진실하다고, 그토록 진실하다고 나에게 말하다니. 오, 내가 공중의 새[03]와 같다면, 들의 백합과 같다면, 얼마나 좋을까. 그러나 물론 내가 그들처럼 된다는 것은 불가능하다. 그렇기 때문에, 그들처럼 되기 위한 나의 소원이 그토록 간절하고, 그토록 우울하고, 그토록 뜨거웠던 것이다.

복음이 나에게 이런 식으로 말하다니 얼마나 잔인한가? 복음은 내가 미치는 것을 보고 싶어 하는 것 같다. 그 소원이 내 속에 깊이 있기 때문에, 그 소원처럼 내가 아주 깊이 느낀 것이 되어야 하다니. 그러나 나는 그런 존재도 아니고 그런 존재가 될 수도 없다.

나는 복음을 이해할 수 없다. 복음과 나 사이에는 언어의 차이(Sprogforskjel)가 존재한다. 내가 복음을 이해하려고 하면, 복음은 나를 죽이려 한다."[04]

아이가 되라

복음이 시인과 관계할 때에는 언제나 이런 식입니다. 복음이 시인에게 아이가 되라고 말하는 것도 이와 동일합니다.[05] 시인은 말합니다.

"오, 내가 아이였다면, 내가 아이와 같았다면, 얼마나 좋을까. 아, 아이처럼 그렇게 순진하고 그렇게 행복했다면 얼마나 좋을까. 그러나 나는 이미 처음부터 너무 늙었고, 너무 죄도 많고, 너무 슬프구나."

얼마나 놀랍습니까! 우리는 이런 시인이 아이 같다고 적절하게 말하고 있으니까요. 그러나 시인은 복음의 이해에 도달할 수 없습니다. 시인은 복음의 이해와 함께 할 수 없습니다. 왜냐하면 사실 시인의 삶의 뿌리에는 자신이 원하는 것이 될 수 없다는 **절망**[06]이 있기 때문입니다. **이 소원을 탄생시킨 것이 절망이고, 또한 절망이 소원을 키웁니다.** 그러니이 '소원'은 위로 없는(comfortless) 발명입니다. 확실히, 소원은 순간에는 위로를 줍니다. 그러나 조금 더 면밀히 관찰해 보면, 그 소원에는 위로가 없다는 것이 분명합니다. 따라서 우리는 이 소원은 **위로 없음**(comfortlessness)이 발명한 위로라고 말하는 것이지요.

이 얼마나 놀라운 자기모순입니까! 그렇습니다. 시인 또한 이런 자기모순인 것입니다. 시인은 아버지가 **기쁨의 아이**라고 불렀을지라도 **고통의 아이**였던 것입니다.[07] 시인의 소원을 탄생시킨 것은 고통입니다. 이 소원, 이 불타는 소원은 포도주가 위로하는 것보다 훨씬 더욱 사람의 마음을 즐겁게 해줍니다. 이 소원은 봄에 처음 나오는 새싹보다도 더욱 사람의 마음을 즐겁게 해줍니다. 이 소원은 낮 동안의 일에 지친 사람이 밤의 쉼을 간절히 바라며, 기쁘게 인사하고 있는 첫 저녁별보다도, 저 새벽에 이별을 고하는 것처럼 사람이 인사하고 있는 마지막 새벽별보다도, 더욱 사람의 마음을 즐겁게 해줍니다.

시인은 **영원의 아이**(child of eternity)이지만, 영원의 진지함은 부족합니다. 시인이 새와 백합에 대하여 생각할 때, 그는 눈물을 흘립니다. 그가 울고 있기 때문에, 울고 있는 중에 위로를 찾습니다. 그리하여 '소원'이 생깁니다. 소원과 함께 소원의 웅변은 시작됩니다.

"오, 내가 만일 새였다면, 내가 아이처럼 그림책에서 읽었던 새가 되었다면, 얼마나 좋을까. 오, 내가 만일 들에 있었던 꽃이었다면, 나의 어머니의 정원에 있었던 꽃이었다면 얼마나 좋을까."

그러나 당신이 복음과 함께 있었다면, 시인에게 말했을 것입니다.

"이것은 **진지함**입니다. 정확히 이 진지함이 새가 진지하게 당신의 선생이 되게 하죠."

그때 시인은 웃을 것입니다. 그리고 그는 새와 백합을 비웃을 것입니다. 그는 재치가 넘치는 사람이기 때문에, 우리 모두를 웃길 것이고, 심지어 살아있던 자 중에 가장 진지한 사람조차도 웃길 것입니다. 그러나 그는 복음을 이런 식으로 바꿀 수는 없습니다. 복음은 그토록 진지하기 때문에, 모든 시인의 슬픔이 심지어 가장 진지한 사람을 바꿀 수는 있었어도, 복음을 바꾸지 못합니다. 그가 순간적으로 시인의 생각에 굴복하고 시인 편에 설 수도 있습니다. 그리고 시인에게 탄식하며 말합니다.

"내 친구여, 이것이 정말로 당신에게 불가능합니까? 그렇다면, 나는 '**당신은 해야 한다**(You shall, Du skal)'라고 감히 말하지 않겠습니다."

그러나 복음은 감히 시인에게 명령합니다. 그는 마땅히 새가 되어야 한다고. 그리고 복음은 그토록 진지하기 때문에, 시인의 가장 매력적인 발명조차도 복음을 웃길 수 없습니다.

당신은 다시 아이가 "**되어야**(skal) **합니다.**" 혹은 그 목적을 달성하기 위해서, 당신은 아이들에게 의도된 것처럼 보이는 구절이며 어떤 아이도 깨달을 수 있는 것처럼 보이는 구절을 깨달을 수 있고 깨닫기 원함으로써 시작해야 합니다. 즉, "당신은 해야 한다"라는 구절을 **아이가 이해한 대로** 이 구절을 이해해야 합니다.

아이는 절대 이유를 묻지 않습니다. 아이는 감히 이유를 물을 수도 없고 물을 필요도 없습니다. 이 하나는 다른 하나와 일치합니다. 왜냐하면 "아이가 해야 한다"라고 하는 것은 충분한 이유이므로 아이는 이유를 물을 수도 없고 그러므로 물을 필요가 없으니까요. 그렇습니다. 모든 이유를 다 합쳐도 아이에게는 그만큼 충분한 이유가 되지 않을 것입니다.

아이는 "나는 할 수 없습니다"라고 결코 말하지 않습니다. 아이는 감히 그럴 수 없고, 아이에게는 맞지도 않습니다. 하나는 다른 하나와 완전히 일치합니다. 왜냐하면 누군가 감히 그 대안을 시도할 수밖에 없다면, 무언가를 할 수 없다는 것은 불가능하므로, 아이는 "나는 할 수 없습니다"라고 감히 말할 수 없고 아이가 할 수 있다는 것은 확실히 진실하니까요.

아무것도 더 확실한 것은 없습니다. 요점은 단순히 누군가 감히 그 대안을 시도할 수밖에 없다는 데에 있을 뿐입니다. 아이는 절대 핑계나 변명을 찾지 않습니다. 왜냐하면 아이는 거기에는 어떤 핑계도 어떤 변명도 있을 수 없다는 것, 하늘이나 이 땅에 숨을 수 있는 도피처가 없다는 것,[08] 거실에도 정원에도 숨을 수가 없다는 것, "너는 해야 한다"로부터 숨을 수 있는 곳이 아무 데도 없다는 것을 이해하기 때문입니다.

당신이 그런 도피처가 없다는 것을 확실히 깨달았다면, 그때 거기에는 어떤 핑계도, 어떤 변명도 존재할 수 없다는 것은 확실합니다. 이 두려운 진리, 거기에는 어떤 핑계도, 어떤 변명도 존재할 수 없는 것을 당신이 알았을 때, 그렇습니다. 당연히 당신은 그런 도피처를 찾은 일을 중단할 것입니다. 왜냐하면 존재하지 않는 것을 찾을 수는 없으니까요. 그때 그것은 **당신이 찾는 일을 중단할 뿐만 아니라, 당신이 해야 할 일을 하는 것**을 의미합니다.

아이는 결코 **심사숙고**(Overveielse)를 오래할 필요가 없습니다. 왜냐하면 아이는 마땅히 해야 하고, 아마도 즉시 해야 한다면, 그때 아이에게 심사숙고할 만한 기회는 없습니다. 아이가 즉시 행할 필요가 없더라도, 그래도 아이가 해야 할 일이 있다면, 당신이 아이에게 그 일에 대하여 심사숙고할 수 있는 영원의 시간을 준다 해도, 아이는 그 시간이 필요하지 않을 것입니다. 그때 아이는 말할 것입니다.

"내가 그것을 해야 한다면, 무엇 때문에 그런 모든 시간이 필요한가요?"

아이에게 시간이 주어진다면, 확실히 그 시간을 다른 목적을 위해 사용할 것입니다. 예를 들어, 놀이, 기쁨과 같은 것들을 위해 사용할 것입니다. 아이가 무언가를 해야만 한다면, 그때 그는 그것을 해야만 합니다. 그것은 확고합니다. 그것은 심사숙고와는 결코 아무런 관련이 없습니다. 그리하여 이제 복음의 가르침을 따라가 봅시다. 우리가 진지하게 새와 백합을 스승으로 바라봅시다. 모든 진지함으로 그리합시다. 왜냐하면 복음은 새와 백합을 사용할 수 없을 만큼 과도하게 영적이지도 않고, 새와 백합을 슬픔이나 웃음으로만 바라볼 만큼 세속적이지도 않기 때문입니다.

스승인 새와 백합에게 우리가 다음을 배워봅시다.

침묵, 혹은 침묵하는 법 배우기

침묵

사람과 동물을 구별하는 것은 확실히 언어능력입니다.[09] 사람이 백합보다 우월하다는 것을 보여주는 것 역시 말할 수 있다는 데 있습니다. 그러나 말할 수 있는 능력이 장점이기 때문에 침묵할 수 있는 능력은 아무런 기술(art)이 아니거나, 열등한 기술이라는 결론에 이르는 것은 아닙니다. 반대로, 사람이 말할 수 있기 때문에, 침묵할 수 있는 능력은 기술이며, 그의 이런 장점이 너무나 쉽게 그를 유혹할 수 있으므로, **침묵의 능력은 위대한 기술입니다.** 그러나 바로 이것을, 그는 침묵의 스승인 새와 백합을 통해서 배울 수 있습니다.

"먼저 하나님의 나라와 의를 구하라."[10]

그러나 이것은 무엇을 의미할까요? 나는 무엇을 해야만 합니까? 혹은 하나님의 나라에 대한 열정이 있고 그의 나라를 구하고 있다고 말할 수 있는 노력은 어떤 것이 있습니까?

하나님의 나라를 실현하기 위해 나의 능력과 나의 재능과 부합하는 자리를 얻어야 하는 것인가요? 아닙니다. 당신은 먼저 하나님의 나라를 구해야 합니다.

[11]나의 모든 재산을 가난한 사람에게 나누어 주어야 하는 것인가요?[12] 아닙니다. 당신은 먼저 하나님의 나라를 구해야 합니다.

그러면 내가 밖으로 나가 이 교리를 세상에 선포해야 합니까? 아닙니다. 당신은 먼저 하나님의 나라를 구해야 합니다.

그렇다면, 그때 어떤 의미에서 내가 해야만 하는 것은 아무것도 없지 않습니까? 맞습니다. 어떤 의미에서는 아무것도 없습니다. 가장 심오한 의미에서, **당신은 당신 자신을 무** (nothing)**로 만들어야 하며, 하나님 앞에서 무가 되어야 하고, 침묵하는 법을 배워야 합니다. 이 침묵 속에 시작이 존재하고, 시작은 먼저 하나님의 나라를 구하는 것입니다.**

따라서 어떤 의미에서, 사람은 경건하게 뒤에서 출발하여 시작에 도달합니다. 시작은 사람이 시작과 함께 시작하는 것이 아니라, **시작에 도달**한다는 것입니다. 그리고 사람은 뒤에서 시작에 이릅니다. 시작은 이런 침묵하는 기술입니다. 왜냐하면 자연이 침묵하는 것처럼 침묵하는 것은 기술일 수 없으니까요. 가장 심오한 의미에서, 이런 식으로 침묵하는 것, 하나님 앞에서 침묵하는 것은 하나님을 두려워하는 일의 시작입니다. **왜냐하면 하나님을 두려워하는 것이 지혜의 시작**

이듯이,[13] 침묵은 하나님을 두려워하는 일의 시작이기 때문입니다.

그리고 하나님을 두려워하는 것이 지혜의 시작 그 이상, **'지혜' 그 자체인 것처럼,**[14] 침묵 또한 하나님을 두려워하는 일의 시작 그 이상, **'하나님에 대한 두려움'** 그 자체입니다. 이런 침묵 속에서, 하나님에 대한 두려움 속에서, 소원, 바람, 그리고 그런 많은 생각들은 잠잠해집니다. 이런 침묵 속에서, 하나님에 대한 두려움 속에서, 감사의 다양한 말은 잠잠해집니다.

동물에 대한 사람의 우월성은 말할 수 있는 능력입니다. 그러나 하나님과의 관계에서, 인간이 말하고 싶어 한다면, 이 능력은 쉽게 인간의 파멸을 불러올 수 있습니다.

하나님은 하늘에 있고 인간은 땅에 있습니다. 따라서 우리는 서로 쉽게 대화할 수 없습니다. 하나님은 전능하십니다.

하나님은 무한한 지혜이시고 인간이 아는 것은 게으른 잡담뿐입니다. 따라서 우리는 서로 쉽게 대화할 수 없습니다.

하나님은 사랑이시고[15] 인간은 우리가 아이에게 말하는 것처럼, 자신의 유익만을 생각하는 작은 건달입니다. 따라서 우리는 서로 쉽게 대화할 수 없습니다.

오직 많은 **두려움과 떨림**으로만 인간은 하나님과 이야기

할 수 있습니다. 오직 많은 두려움과 떨림으로만. 그러나 두
려움과 떨림으로 이야기한다는 것은 다른 이유들로 인해 어
려워집니다. 왜냐하면 염려로 인해 실제로 목소리가 나오지
않듯이, 많은 두려움과 떨림[16]으로 인해 말은 침묵에 빠지기
때문입니다.

침묵의 기도

올바로 기도하는 사람은 침묵을 압니다. 그리고 올바로
기도하지 않는 사람도 아마도 기도를 통해 이것을 배웁니다.
아마도 그의 마음을 짓누르는 무언가 있었습니다. 그것은 그
에게 중요한 문제였을 것입니다. 그 문제로 인해, 그는 자신
을 하나님께 이해시키는 일이 무엇보다 긴급했습니다. 그는
기도하는 중에 그 무언가를 잊는 것이 두려웠습니다. 아, 만
약 그가 기도하는 중에 그것을 잊었다면, 하나님도 그것을
기억하지도 못할 것 같아 두려워했습니다. 그래서 그는 온
마음을 다해 하나님 앞에 기도하는 일에 집중하기 원했던 것
이지요.

그때, 그가 정말로 온 마음을 다해 기도했다면, 그에게 어

떤 일이 일어났을까요? 무언가 놀라운 일이 그에게 일어났습니다. 기도하는 중에 그가 점점 더 뜨거워질수록, 그는 점점 더 말이 줄어들기 시작했습니다. 그리고 마침내 그는 완전히 잠잠해집니다. 그는 침묵했습니다. 오히려, 그는 가능하다면, 침묵 그 이상으로, 말하는 자의 정반대가 되어 있었던 것입니다. 즉, 그는 **듣는 자**였습니다. 그는 처음에 기도는 말하는 것이라고 생각했습니다. 그러나 기도가 침묵하는 것뿐만 아니라 듣는 것임을 배웠습니다. 그것은 이렇습니다. **기도는 자기 자신이 말하고 있는 것을 듣는 것이 아니라, 침묵하게 되는 것이며, 기도하는 자가 하나님의 음성을 들을 때까지 기다리는 것, 침묵으로 남는 것입니다.**

이것은 "먼저 하나님의 나라를 구하라."라는 복음의 명령이 말하자면, 사람의 입을 봉하고 교육했던 이유입니다. 사람이 하나님의 나라를 구하기 위해 무슨 일을 해야만 하는지 질문할 때, 그에게 "아니, 당신은 먼저 하나님의 나라를 구해야 한다."라고 각 질문에 대답함으로써, 그의 입을 봉했던 것입니다. 따라서 이 복음의 말씀을 바꾸어서 표현하면 다음과 같습니다.

"당신은 기도하는 일로 시작해야 한다. 그러나 기도가 언제나 침묵으로 시작하는 것이 아니다. (우리는 이것이 사실이 아니

라는 것을 이미 보여주었습니다.) **왜냐**하면 기도가 정말로 기도가 되
었을 때, 기도가 침묵이 되기 때문이다."

먼저 하나님의 나라를 구하십시오. 다시 말해, "기도하십
시오!" 그렇습니다. 그러나 당신이 아직 검증되지 않는 단 하
나의 것이 남아 있는 것처럼 묻는다면, 이것이 하나님의 나
라를 구하기 위해 내가 무엇인가를 해야만 하는 것은 아닌지
묻는다면, 그 대답은 이렇습니다.

"아닙니다. 당신은 먼저 하나님의 나라를 구하십시오!"

그러나 기도하는 것, 다시 말해, 올바로 기도하는 것은 침
묵하게 되는 것이고 그것은 먼저 하나님의 나라를 구하는 것
입니다.

자연의 침묵

당신은 이 침묵을 새와 백합을 통해 배울 수 있습니다.
즉, 그들의 침묵은 기술은 아니지만, 당신이 새와 백합처럼
침묵할 때, 당신은 **시작에 도달**한 것이고 먼저 하나님의 나

라를 구한 것입니다.

저 밖에 하나님의 하늘 아래에 새와 백합이 있는 곳에서는 얼마나 엄숙한가요? 왜 그렇습니까? 시인에게 물어보십시오. 그는 대답할 것입니다.

"거기에는 침묵이 존재하기 때문이다."

그리고 시인의 갈망이 저 엄숙한 침묵을 향하게 합니다. 그는 그토록 많은 말이 있는 인간 세상의 세속성으로부터 멀리, 언어능력이 사람이 동물보다 우월하다는 것을 비참하게 구별하고 있는 모든 세속적인 인간의 삶으로부터 멀리 있고 싶습니다.

"왜냐하면,"

시인은 말합니다.

"만약 구별이 좋은 것이라면, 나는 저 밖에 존재하는 침묵이 훨씬 더욱 좋지. 난 그걸 더욱 좋아해. 그래, 거기에는 어떤 비교도 없어. 그런 침묵은 말할 수 있는 사람의 구별과는 무한히 구별되는 특징이 있어."

다시 말해, 시인은 자연의 침묵 속에서 하나님의 음성을 들을 수 있다고 믿습니다. 반면에 인간의 잡담은 그가 하나님의 음성 듣는 것을 불가능하게 할 뿐만 아니라, 하나님과 사람이 밀접한 관계라는 것을 깨닫지 못하게 한다고 믿습니다.[17] 시인은 말합니다.

"언어능력은 동물과 구별되는 인간의 장점이지. 그래, 인간이 침묵할 수 있다면, 이것은 더욱 맞는 말일 거야."

그러나 침묵할 수 있다는 것, 이것은 당신이 저 밖에 새와 백합에게서 배울 수 있는 것입니다. 거기에는 침묵이 존재하고, 또한 이 침묵 속에 거룩한 무언가 있습니다.

고요한 밤에 만물이 침묵할 때, 거기에 침묵이 존재합니다. 이뿐 아닙니다. 낮이 수천 개의 현으로 연주하는 것처럼 진동하고 만물이 바다의 소리와 같더라도, 거기에는 침묵이 존재합니다. 각각의 피조물들이 각각 자신의 역할을 감당한다 하더라도, 그들 중에 단 하나도, 그들의 모든 연합도 이 엄숙한 침묵을 깨지 못합니다.

저 밖에, 거기에는 그렇게 침묵이 있습니다. 숲도 침묵합니다. 숲이 아무리 속삭인다 해도, 숲은 침묵합니다. 심지어 나무들이 가장 두껍게 밀집되어 있는 곳에서도, 나무들은 자기들끼리 한 말을 숨기고 지킵니다. 사람이 "이건 우리끼리

나눈 얘기야."라고 말할 때, 어떤 사람도 이 나무들처럼 약속을 지키기 힘듭니다.

바다는 침묵합니다. 바다가 아무리 고함을 지르며 분노해도, 바다는 침묵합니다. 아마도 처음에 당신은 잘못된 방식으로 들었을 것이고, 바다가 고함지르는 것으로 들었습니다. 당신이 급하게 가서 이 소식을 전한다면, 당신은 바다에 불의를 행한 것입니다. 그렇지만 당신이 시간을 갖고 조금만 더 조심스럽게 들어보면, 얼마나 놀라운가요! 당신은 침묵을 듣게 됩니다. 왜냐하면 그럼에도 불구하고 **균일한 반복** 역시 침묵이니까요.

저녁의 침묵이 마을 전체를 뒤덮을 때, 그리고 당신이 저 멀리 들판에서 들려오는 소들의 "음매"하는 소리를 들을 때, 혹은 저 멀리 농가에서 당신에게 익숙했던 "멍멍"하고 짖는 강아지 소리를 들을 때, 당신은 이런 동물의 소리가 침묵을 방해하고 있다고 말할 수 없습니다. 아니, 이런 소리 역시 침묵에 속합니다. 그리고 이런 소리는 결국 침묵과 은밀하게 그리고 잠잠하게 조화를 이루고 있습니다. 오히려 이런 소리는 더욱 침묵을 증가시키지요.

순간

이제 우리가 배워야 하는 새와 백합을 조금 더 면밀히 생각해 봅시다. 새는 침묵하고 기다립니다. 새는 모든 것은 다 때가 있고 적당한 때에 일어난다는 것을 알고 있거나 충분히 확고하게 믿고 있습니다. 따라서 새는 기다립니다. 그러나 새는 때와 기한은 아버지께서 자기의 권한에 두셨기 때문에 그의 권한이 아니라는 것을 압니다.[18] 따라서 새는 침묵합니다. 그리고 말합니다.

"모든 것은 다 때가 있고, 확실히 적당한 때에 일어납니다."

그러나 아닙니다. 새는 그렇게 말하지 않습니다. 새는 침묵하지만 그의 침묵이 그것을 표현하고 있고, 그의 침묵이 그것을 믿는다고 말하는 것입니다. 새가 그것을 믿기 때문에, 침묵하고 기다립니다. 순간(the moment)이 올 때, 침묵하는 새는 이것이 순간이라는 것을 깨닫습니다. 새는 그 순간을 이용하고 결코 망신을 당하지 않습니다.

백합도 마찬가지입니다. 백합은 침묵하고 기다립니다. 백합은 성급하게, "봄은 언제 올까요?"라고 묻지 않습니다. 왜냐하면 그녀는 봄은 적당한 때에 온다는 것을 알고 있으니까요. 백합은 자기에게 계절을 정할 수 있는 권한이 부여된다 해도, 그것이 그녀에게 거의 소용이 없다는 것을 압니다. 그래서 그녀는 다음과 같이 묻지 않습니다.

"언제 비가 오나요." 혹은, "언제 햇빛이 날까요?"

백합은 다음과 같이 말하지도 않습니다.
"이제 비가 너무 많이 왔어요." 혹은, "지금 너무 더워요."

백합은 올해 여름은 어떻게 될까 미리 묻지 않습니다. 여름이 얼마나 길지, 짧을지도 묻지 않습니다. 그렇습니다. 그녀는 침묵하고 기다립니다. 그녀는 그렇게 단순합니다. 그럼에도 불구하고 그녀는 결코 속임을 당하지 않습니다. 그런 일은 현명한 자(sagacity)에게만 일어날 뿐, 단순한 자(simplicity)에게는 일어나지 않습니다. 그녀는 절대 속이지도 않고 속지도 않습니다. 그때, 순간이 옵니다. **순간이 올 때, 침묵하는 백합은 지금이 순간이라는 것을 깨닫고 그 순간을 이용합니다.**

오, 단순하고 심오한 선생이여, 사람이 말하고 있는 중에, '순간'을 만나는 것이 가능하겠습니까? 아닙니다. 사람은 오직 **침묵함으로써만이 순간을 만납니다.** 사람이 말을 하고 있다면, 단 한 마디의 말로도 순간을 놓칩니다. 순간은 오직 침묵 속에만 **존재합니다.** 사람이 침묵할 수 없기 때문에, 순간이 언제 도착하는지, 어떻게 순간을 이용해야 하는지 이해할 수 없었던 것입니다. 그는 침묵할 수 없고 기다릴 수 없습니다. 이것은 순간이 그를 위해 도착했을 때, 그가 왜 그 순간을 주의하지 못했는지 설명해 줍니다.

순간이 아무리 풍부한 의미를 잉태하고 있다 해도, 순간은 자신의 도착을 알리기 위하여 미리 사자(messengers)**를 보내지 않습니다.** 순간이 올 때, 사자를 보내기에는 순간이 너무 빠릅니다. 거기에는 여유가 있는 단 한순간의 시간조차 없습니다. 순간이 본질적으로 아무리 중요하다 해도, 순간은 시끄럽게 고함지르며 오지도 않습니다. 아니, 순간은 부드럽게 옵니다. 순간은 모든 피조물들 중에서 가장 가벼운 발걸음보다도 더욱 가벼운 발걸음으로 옵니다. 왜냐하면 순간은 갑작스러운 가벼운 발걸음으로 오기 때문입니다. 순간은 몰래 옵니다.

그러므로 "순간이 지금 여기에 있다."라는 것을 깨달아야 한다면, 사람은 절대적으로 침묵해야 합니다. 다음 순간에는 순간은 가버리고 맙니다. 바로 이런 이유로 사람이 순간을 이용해야 한다면, 절대적으로 침묵해야 합니다. 그러나 모든 것은 순간에 달려 있습니다. 진실로, 대다수의 사람들의 삶에서 불행은 이것입니다. 즉, 그들은 결코 순간을 깨닫지 못했다는 것, 그들의 삶에서 영원한 것과 시간적인 것은 분리되었다는 데에 있습니다. 왜 그렇습니까? 그들은 침묵할 수 없었기 때문입니다.

침묵의 스승

　새는 침묵을 지키면서 고통당합니다. 아무리 큰 슬픔에 빠져있더라도, 새는 침묵합니다. 심지어 새가 아무리 황량하고 고독한 장소의 우울한 슬픔을 표현한다 해도, 그는 침묵합니다. 새는 세 번 한숨 쉬고 그때 침묵합니다. 한 번 더 세 번 한숨을 쉽니다. 그러나 본질적으로 새는 침묵하고 있습니다. 왜냐하면 새는 자신에 대하여 말하지 않기 때문입니다. 새는 불평하지도 않고 남을 비난하지도 않습니다. 새는 결국 한 번 더 침묵하기 위해 한숨을 쉴 뿐입니다.

　새는 고통에서 벗어날 수 없습니다. 그러나 침묵하는 새는 고통을 더 무겁게 하는 일로부터 벗어날 수 있습니다. 다시 말해, 다른 새들의 오해하는 동정으로부터 면제됩니다. 그는 고통을 더욱 지속시키는 일로부터 벗어날 수 있습니다. 다시 말해, 고통에 대하여 많은 말을 하는 것으로부터 면제됩니다. 그는 고통보다도 고통을 더욱 악화시키는 일로부터 벗어날 수 있습니다. 다시 말해, 고통을 조바심과 낙담하는 죄로 바꾸는 것으로부터 면제됩니다.

우리는 아마도 다음과 같이 생각하지 않을 수 없습니다. 새가 고통당하면서도 침묵한다는 것은 새의 편에서 약간의 이중성이 있는 것은 아닌가요? 새가 다른 새들과 관계에서 아무리 침묵한다 하더라도, 새의 깊은 내면의 존재에서 침묵할 수 없는 것은 아닌가요? 새가 그의 운명에 대하여 불평하고 있으며 하나님과 다른 새들을 비난하고 있는 것은 아닌가요? 그래서 (새의) "슬픈 마음이 죄를 짓고 있는 것"[19]은 아닌가요? 아닙니다. 새는 침묵하면서 고통을 당하고 있습니다.

아, 사람은 그렇게 할 수 없습니다. 그러나 새의 고통과 비교할 때, 인간의 고통은 왜 그렇게 무시무시한 것처럼 보입니까? 그것은 사람이 말할 수 있기 때문이 아닐까요? 아니, 그것은 이유가 될 수 없습니다. 왜냐하면 결국 그것은 인간의 장점이니까요. 인간의 고통이 무시무시한 것처럼 보이는 이유는 인간이 침묵할 수 없기 때문입니다.

다시 말해, 새는 성급한 사람과 같지 않습니다. 혹은 더 심하게 말해, 새는 절망하고 있는 사람과 같지 않습니다. 절망하고 있는 사람은 말로 표현할 때 그가 고통을 이해했다고 생각합니다. 그래서 그는 말하거나 울부짖습니다. (그리고 이것은 이미 말과 소리에 대한 오해입니다.)

"원컨대, 내가 폭풍의 소리와 같은 음성을 갖게 하소서! 그래서 내가 고통을 느낀 대로 나의 모든 고통을 말로 표현할 수 있게 하소서!"

아, 이것은 어리석은 치료제가 될 뿐입니다. 그는 같은 정도의 고통을 더욱 강렬하게 느끼게 될 뿐입니다. 그렇습니다. 그러나 당신이 침묵할 수 있다면, 새의 침묵을 지닐 수만 있다면, 그때 고통은 확실히 줄어들 것입니다.

새처럼, 백합도 마찬가지입니다. 백합은 침묵합니다. 가만히 서 있다가 고통당하면서 시들어 버려도, 백합은 침묵합니다. 그녀는 자신을 감출 수 없는 순진한 아이입니다. 자신을 감추도록 요구받지도 않습니다. 그리고 이런 행운은 그녀가 자신을 감출 수 없다는 데에 있습니다. 왜냐하면 이런 감출 수 있는 기술은 비싼 값을 주고 구매한 것이기 때문입니다.

백합은 자신을 감출 수 없습니다. 그녀는 자신이 변색되는 것을 보고도 아무것도 할 수 없습니다. 그녀가 색이 바랠 때마다, 시들어가고 있다는 사실을 폭로합니다. 그리고 사람은 그녀를 정복해 가고 있는 창백함을 통해 그녀가 고통당하고 있다는 것을 볼 수 있지요. 그러나 그녀는 침묵하며 남아 있습니다.

백합이 고통당하고 있다는 것, 자신이 썩어가고 있다는 것을 숨기기 위해 똑바로 서 있고 싶습니다. 그러나 그렇게 하기에 그녀는 너무 힘이 없습니다. 그렇게 자기 자신을 지배하지 못합니다. 결국, 그녀는 지쳐 고개를 숙이고 맙니다. 그녀의 머리는 땅에 떨어집니다. 어떤 행인이 그녀를 보고 마음이 아팠다면, 행인은 이것이 무엇을 의미하는지 깨달은 것입니다. 이것은 대단한 웅변입니다. 그럼에도 불구하고 그녀는 침묵하고 있습니다.

백합은 이와 같습니다. 그러나 백합과 비교할 때, 사람의 고통은 왜 그렇게 무시무시한 것처럼 보일까요? 그것은 그녀가 말할 수 없기 때문이 아닐까요? 만약 그녀가 말할 수 있었다면, 아, 그러나 그녀가 사람처럼, 침묵하는 기술을 배우지 못했다면, 그녀의 고통도 역시 무시무시하지 않겠습니까? 그러나 백합은 침묵합니다.

백합에게 고통을 당한다는 것은 고통 당하는 바로 그것입니다. 그 이상 그 이하도 아닙니다. 그러나 고통 당하는 것이 고통 당하는 것, 그 이상 그 이하도 아닐 때, 고통은 가능한 한 단순하게 되고 수월해지고, 작아집니다. 고통이 줄어들수는 없습니다. 왜냐하면 정말로 고통은 존재하고 있고 따라서 있는 그대로 있으니까요. 그러나 반면에, **고통이 정확히 그 이상 그 이하도 아니며, 있는 그대로 남아 있지 않을 때, 고통은 무한히 커질 수 있습니다.**

　　고통이 그 이상 그 이하도 아닐 때, 즉 고통이 존재하고 있는 명확한 것일 때, 그것이 가장 큰 고통일지라도, 그것은 가장 적을 수 있습니다. 그러나 그 고통이 얼마나 큰지 불명확해질 때, 고통은 더욱 커집니다. **이런 불명확성**(indefiniteness)이 고통을 무한히 증가시킵니다. 이런 불명확성은 이런 인간의 의심스러운 장점 때문에 나타납니다. 즉, 말할 수 있는 능력입니다. 반면에, **사람은 침묵함으로써만, 고통의 명확성**(definiteness)**에 도착합니다.** 즉, 고통이 그 이상 그 이하도 아닌, 있는 그대로 존재하는 곳에 도착합니다. 그리고 이 침묵을 당신은 새와 백합을 통해 배울 수 있습니다.

진지함

저 밖에 새와 백합이 있는 곳에는 침묵이 있습니다. 그러나 이 침묵은 무엇을 표현하고 있습니까? 그것은 **하나님에 대한 경외**를 표현합니다. 즉, 침묵은 통치하시는 분이 그분이시고, 그분만이 홀로 지혜와 명철(understanding)이 뛰어나다는 것을 표현합니다. 이 침묵이 하나님을 경외하고, 자연에서 가능한 것처럼, 하나님을 예배하는 것이기 때문에, 이 침묵이 그토록 엄숙한 것입니다. 이 침묵이 이런 식으로 엄숙하기 때문에 사람은 자연에서 하나님을 느끼는 것입니다. 만물이 그분에 대한 경외로 침묵할 때, 그때 얼마나 놀라운지요! 그분께서 말씀하시지 않을지라도, 만물이 그분에 대한 경외로 인해 침묵하고 있다는 사실이 그분께서 말씀하는 것처럼 사람에게 영향을 줍니다.

어떤 '시인'의 도움이 없이도, 저 밖에 새와 백합이 함께하고 있는 이 침묵을 통해 당신이 배울 수 있는 것, 오직 복음만이 당신을 가르칠 수 있는 것, <u>그것은 진지함(earnestness)이 있어야 한다는 것입니다.</u> 새와 백합이 선생이 되어야 하는 일에는 진지함이 있어야 합니다. 당신은 그들을 본받아야 하고 진지하게 그들로부터 배워야 합니다. 당신은 새와 백합처럼 침묵할 수 있어야 합니다.

당신이 제대로 이해한다면, 꿈꾸고 있는 시인이 이해한 것과 같지 않습니다. 혹은 자연이 그에 대한 꿈을 꾸게 한 시인이 이해한 것과 같지 않습니다. 진실로, 저 밖에 새와 백합이 함께 있을 때, 당신이 하나님 앞에 있다는 것을 느끼는 것, 이것은 이미 **진지함**입니다. 당신은 그때 일반적으로 다른 사람과 대화하고 말할 때 완전히 망각되었던 무언가를 느낍니다.

겨우 우리 둘이 함께 이야기할 때도, 심지어 우리가 열 명 그 이상일 때에는 말할 것도 없고, 당신과 나, 우리 둘, 혹은 우리 열 명이 하나님 앞에 있다는 것은 쉽게 망각됩니다. 그러나 선생인 백합은 심오합니다. 그녀는 결코 당신과 관계한 적이 없습니다. 그녀는 침묵합니다. 침묵함으로써 당신 앞에 하나님이 계시다는 것을 당신에게 표현하기 원합니다. 그래서 당신은 하나님 앞에 있다는 것을 기억합니다. 그래서 당신은 또한 진지함과 진리로 하나님 앞에서 침묵할 수 있습니다.

당신은 새와 백합처럼 하나님 앞에서 침묵해야 합니다. 당신은 "새와 백합은 쉽게 침묵할 수 있지. 결국 그들은 말할 수 없으니까."라고 말하지 말아야 합니다. 당신은 그렇게 말하면 안 됩니다. 당신은 결코 아무것도 말하지 말아야 합니다. 당신은 이 **침묵의 수업**을 불가능하게 하는 눈곱만큼의 시도도 하면 안 됩니다. 진지하게 행동하고 침묵하기보다, 이와 같이 말하는 것은 침묵과 말하기의 어리석고 무의미한 혼합입니다. 이런 말은 아마도 침묵이 말할 수 있는 주제인 것처럼 바꾸어 버립니다. 결국, 거기에는 어떤 침묵도 존재하지 않습니다. 그러나 오히려 이야기만 생겨날 뿐입니다. 거기에는 침묵하기에 대한 이야기만 남습니다.

하나님 앞에서 당신은 새와 백합보다 더 중요한 존재가 되지 말아야 합니다. 그러나 당신이 하나님 앞에 있다는 것이 진지하고 진실할 때, 이것은 저절로 그렇게 될 것입니다. 당신이 세상에서 원하는 것이 가장 놀라운 업적일지라도, 당신의 선생으로서 새와 백합을 인정해야 하며, 하나님 앞에서 당신은 새와 백합보다 당신이 더 중요한 존재가 되어서는 안 됩니다.

당신이 당신의 계획을 펼쳤을 때, 온 세상이 당신의 계획을 다 품기에 충분히 크지 않더라도, 당신은 선생인 새와 백합에게서 배워야 합니다. 즉, 당신의 계획이 아무리 크다 하더라도, 하나님 앞에 있는 당신은 모든 계획을 접어 한 점보다도 더 작은 공간으로 보낼 수 있는 법을 그들에게서 배웁니다. 당신의 모든 계획으로 인한 호들갑을 가장 보잘것없는 진공상태로 만들 수 있는 법을 그들에게서 배웁니다. 즉, 침묵 속에서 그렇게 합니다.

당신이 세상에서 고통당한 것이 지금까지 아무도 경험하지 못할 만큼 괴롭다 하더라도, 당신은 새와 백합을 당신의 선생으로 인정해야 합니다. 그리고 당신은 자신들의 작은 괴로움 속에 있는 새와 백합보다 더 중요한 존재가 되어서는 안 됩니다.

시인의 웅변

이것이 복음이 새와 백합이 선생이 되어야 한다는 것을 진지함의 문제로 만드는 방식입니다. 이것은 시인의 경우와는 다릅니다. 혹은 이것은 진지함이 부족하기 때문에, 새와 백합과 함께하고 있는 저 침묵 속에서 완전히 침묵하지 못해 시인이 되어 버린 자와 같지 않습니다.

확실히 시적인 말은 일반적인 사람의 말과는 다릅니다. 시적인 말은 엄숙하기 때문에 일반적인 사람의 말과 비교할 때, 거의 침묵과 같습니다. 그러나 그런데도, 시적인 말은 결코 침묵이 아닙니다. 시인은 침묵하기 위해 침묵을 찾는 것이 아닙니다. **정반대로, 시인이 말하는 것처럼, 시인은 더 많은 말에 이르기 위해 침묵을 찾습니다.**[20]

저 밖에 침묵 속에서, 시인은 그가 결코 행할 수 없는 위대한 행위를 꿈꿉니다. 왜냐하면 시인은 확실히 영웅이 아니니까요. 그래서 그는 웅변가가 됩니다. 아마도 **그는 위대한 행위의 불행한 연인**(unhappy lover)**이었기 때문에 웅변가**가 되었을 것입니다. 반면에 **영웅은 위대한 행위의 행복한 연인**(happy lover)입니다. 결과적으로 (진지함의) 결핍이 본질적으로 시인을 만들었던 것처럼, 그 결핍이 시인을 웅변가로 만들었기 때문에, 그가 웅변가가 된 것입니다. 그의 웅변, 그것이 바로 그의 시(poem)입니다.

저 밖에 침묵 속에서, 시인은 온 세상을 변화시키고 모든 사람들을 행복하게 할 수 있는 위대한 계획을 생각해 봅니다. 결코 실행 불가능한 위대한 계획 말입니다. 그러나 아니, 그것들은 시가 됩니다.

저 밖에 침묵 속에서, 시인은 자신의 고통을 곰곰이 생각해 봅니다. 새와 백합이 그의 선생이 되는 대신에, 그는 모든 만물들을 메아리치는 큰 방으로써 자신에게 봉사하게 합니다. 심지어 그의 선생인 새와 백합도 그에게 봉사할 수밖에 없습니다. 그리고 그의 고통의 메아리는 그의 시입니다. 왜냐하면 그냥 절규하는 것은 결코 시일 수 없지만, 시인의 내면에서 우러나오는 절규의 메아리는 시이기 때문입니다.

그러므로 새와 백합이 있는 침묵 속에서, 시인은 침묵하지 못합니다. 왜 그럴까요? 그것은 명확히 그가 그 관계를 역으로 바꾸었기 때문이며, 새와 백합을 비교하여 자기 자신을 더 중요하게 만들어 버렸기 때문입니다. 말하자면, 시인은 새와 백합에게 말을 빌려줍니다. 그리고 그들이 말하게 하는 것을 그의 편에서는 심지어 장점으로 상상합니다. 반면에 시인의 과업은 그가 스스로 새와 백합에게서 침묵을 배우는 데에 있습니다.

기도

오, 그러나 하나님이여 원컨대, 새와 백합의 도움으로, 복음이 나의 독자, 당신뿐만 아니라 나에게도 역시 진지함을 가르치게 하소서. 그래서 나의 독자가 하나님 앞에서 완전히 침묵하게 하소서.

원컨대, 침묵하는 중에 나의 독자들이 자기 자신을 잊어

버리게 하소서. 사람들이 불렀던 이름들, 당신의 이름, 유명한 이름, 비천한 이름, 보잘것없는 이름들을 잊어버리게 하소서. 그리하여 침묵하는 중에, "당신의 이름이 거룩히 여김을 받으소서!"라고 하나님께 기도하게 하소서.[21]

원컨대, 침묵하는 중에 나의 독자들이 자기 자신을 잊어버리게 하소서. 당신의 계획들, 위대한 계획, 모든 것을 아우르는 계획이든, 당신의 삶과 미래에 제한된 계획이든, 이 모든 것들을 잊어버리게 하소서. 그리하여 침묵하는 중에, "당신의 나라가 임하소서!"[22]라고 하나님께 기도하게 하소서.

원컨대, 침묵하는 중에 나의 독자들이 자신의 의지를 잊어버리게 하소서. 자신의 아집(self-will)을 잊어버리게 하소서. 그리하여 침묵하는 중에, "당신의 뜻을 이루소서!"[23]라고 하나님께 기도하게 하소서.

그렇습니다. 당신이 새와 백합을 통해 하나님 앞에서 완전히 침묵하기를 배울 수만 있다면, 복음이 당신을 돕는데 어떤 한계가 있겠습니까! 그때 아무것도 당신에게 불가능한 것은 없습니다. 그러나 복음이 새와 백합의 도움을 통해 당신에게 침묵만을 가르친다면, 그때 복음은 당신에게 이미 얼마나 많은 것을 가르친 것입니까! 이미 언급한 것처럼, 하나님을 두려워하는 것이 지혜의 시작이듯이, 침묵은 하나님을 두려워하는 일의 시작입니다. 솔로몬은 말합니다.

"개미에게 가서 지혜를 얻으라!"[24]

복음은 말합니다.

"새와 백합화에게 가서 침묵을 배우십시오!"

하나님의 나라

"먼저 하나님의 나라와 의를 구하라." 그러나 **사람이 먼저 하나님의 나라를 구했다는 표현은 확실히 침묵입니다.** 그것은 새와 백합의 침묵의 도움으로 표현됩니다. 새와 백합은 하나님의 나라를 구합니다. 다른 아무것도 할 수가 없습니다. 이 모든 것들은 그들에게 더해질 것입니다. 그러나 그들이 다른 아무것도 구할 수 없다면, 먼저 하나님의 나라를 구하지 않은 것인가요? 그러면 복음은 왜 "먼저 하나님의 나라를 구하라."라고 말합니까? 그리고 복음의 의미가 하나님의 나라를 구하는 것이 유일한 것임이 분명할지라도, 복음은 왜 다음에 구할 만한 다른 무언가 있는 것을 포함하는 것처럼 말합니까?

그것은 하나님의 나라를 먼저 구한다면, 그의 나라는 구해질 수밖에 없기 때문입니다. 하나님의 나라를 먼저 구하지 않는 사람은 결코 그의 나라를 구한 것이 아닙니다.

게다가, 그것은 구할 수 있는 능력은 다른 무언가를 구할 수 있는 가능성을 포함하고 있기 때문입니다. 따라서 복음은 처음에는 복음이 언급하는 사람 밖에 있고 그 사람은 다른 무언가를 구할 수 있으므로, "당신은 먼저 하나님의 나라를 구해야 한다."라고 말하는 것입니다.

결국, 이것은 복음이 부드럽게 사랑스럽게 허리를 숙여 우리 수준으로 내려와 우리를 선(the good)으로 이끌기 위해 우리에게 사소한 것들에 대해 말하고 있기 때문입니다. 만약 복음이 즉각적으로 "너는 유일하게, 독점적으로 하나님의 나라만을 구해야 한다."라고 말한다면, 그때 우리는 그 요구조건이 너무 과도하다고 생각할 수도 있습니다. 그리하여, 우리 중에 절반은 성급해지고, 절반은 두렵고 초조해져 뒤로 물러날 것입니다.

그러나 복음은 어느 정도 사람의 편의를 봐줍니다. 거기에 우리가 있고, 우리가 구할 수 있는 모든 것들을 보고 있을 때, 복음은 우리에게 와서 말합니다.

"먼저 하나님의 나라를 구하십시오!"

그때, 우리는 생각합니다.

"음, 나중에 다른 모든 것들을 구할 수 있도록 내가 허락받은 것이라면, 나는 하나님의 나라를 구하는 일로 시작할 거야."

우리가 실제로 그렇게 시작할 수 있다면, 그때 복음은 다음에 무엇이 일어날지 알고 있습니다. 다시 말해, 복음은 우리가 이런 종류의 구함에 만족하고 기뻐한 나머지, 우리가 다른 것들을 구하는 것을 완전히 잊어버릴 것임을 알고 있습니다. 그렇습니다. 그때 우리는 다른 아무것도 구하는 것을 원하지도 않을 것입니다. 따라서 그가 유일하게 독점적으로 하나님의 나라를 구한다는 것은 문자 그대로 맞는 말입니다.

이것이 복음이 일을 시작하는 방법입니다. 결국, 이것은 어른이 아이에게 말하는 방법입니다. 아주 배가 고픈 아이를 상상해 보십시오. 엄마가 식탁 위에 음식을 갖다 놓으려 할 때, 아이는 제공된 음식을 보러 옵니다. 아이는 음식을 보고 참을 수가 없어 거의 울다시피 말합니다.

"이렇게 적은 게 무슨 소용이 있어요? 다 먹어도 전과 똑

같이 배고플 걸요."

그러나 엄마는 이 모든 것이 오해인 것을 깨닫고, 말합니다.

"그래, 그래, 아가야, 먼저 이것을 먹어보렴. 그때 우리는 언제나 조금 더 많은 것이 준비되었다는 것을 볼 수 있단다."

그래서 아이는 먼저 먹기 시작합니다. 무슨 일이 일어납니까? 아이는 반도 먹지 못한 채, 배가 부릅니다. 만약 엄마가 "이건 정말로 충분한 양이야."라고 말하면서 즉시 아이를 꾸짖었다면, 엄마는 잘못한 것은 없으나, 그녀의 행동이 아이를 양육하는 데에 적합한 지혜의 모범이 되지는 못했을 것입니다. 그러나 그녀는 실제로 본을 보였습니다.

복음도 또한 이와 같습니다. 복음에서 가장 중요한 것은 사람을 꾸짖고 야단치는 것이 아닙니다. 복음에서 가장 중요한 것은 사람이 복음의 안내를 따르도록 하는 것입니다. 그러므로 복음은 "먼저 구하라."라고 말합니다. 그리하여 말하자면, 복음은 모든 사람들의 반대하는 입술을 봉합니다. 그리고 그를 침묵하게 한 다음, 그가 실제로 먼저 이 구하는 일부터 시작하도록 하는 것이지요. 그때 이렇게 구하는 일이 그를 만족시키기 때문에 그가 유일하고 독점적으로 하나님의 나라만을 구한다는 것은 문자 그대로 맞는 말입니다.

먼저 그의 나라를 구하십시오. 다시 말해, 새와 백합처럼 되십시오. 그리하면 이 모든 것들은 당신에게 더해질 것입니다.

참고 자료

01 계속되는 본문은 다음을 참고하라.

백합과 새에 대한 새로운 강화

그러나 아마도 당신은 말한다: 오, 내가 지상의 모든 중력보다 더 가벼워 공중으로 날아오를 수 있는 새라면 얼마나 좋을까! 바다에 둥지를 틀 만큼 가벼울 수 있다면! 오, 목초지에 꽃과 같다면 얼마나 좋을까! 이것은 최고의 행복으로 인간의 소원이 되돌아가기 위해 노력하는 것을 시인이 극찬하고 있는 것을 의미한다. 이것이 앞으로 나아가려는 사람을 위한 선생이 되어야 하다니 얼마나 비합리적인가.

직접성은 시적인 의미에서 우리가 되돌아가기 바라는 바로 그것이다. (우리가 어린 시절을 소원하는 것과 같은 것들) 그러나 기독교적인 관점에서 볼 때, 직접성은 상실된다. 직접성은 다시 소원해야만 하는 것이 아니라, 다시 획득해야 한다.

따라서 이 강화에서 시와 기독교 사이에 갈등이 일어나게 될 것이다. 어떤 의미에서 시와 비교할 때, 기독교는 산문적인(prose) 방식이다. (이것은 바람직하고, 매력적이고, 마취시키는(anesthetizing) 듯하다. 이것은 삶의 현실을 동방의 꿈(oriental dream)으로 바꾼다. 마치 젊은 소녀가 하루 종일 소파에 누워 황홀경에 빠지기 바라는 것처럼 말이다.) 그럼에도 불구하고 이것은 영원의 시이다.

물론 백합과 새는 자연의 밑그림이다. 이번에는 훨씬 더욱 시적인 어조와 색조의 풍부함을 갖게 될 것이다. 단순히 시적인 것은 무시되어야 함을 보여주면서 말이다. 시가 몰락할 때(설교자가 따분하고 우울하게 지껄이는 소리 때문이 아니다), 시는 자신의 파티 복장을 입어야 한다. -JP II 1942 (Pap. VIII1 A 643) n.d., 1848

02 물총새(Alcedo ispida). 다음을 보라. JP I 1023 (Pap. II A 612).

03 이 표현은 시편 8:8과 예레미야 4:25를 암시하고 있다.

04 여기까지는 시인의 실족을 다루고 있다. 시인은 근본적으로 복음을 이해할 수 없다. 시인에 대한 자세한 설명은 부록을 참고하라.

05 마태복음 18:2-4, "예수께서 한 어린 아이를 불러 그들 가운데 세우시고 이르시되 진실로 너희에게 이르노니 너희가 돌이켜 어린 아이들과 같이 되지 아니하면 결단코 천국에 들어가지 못하리라. 그러므로 누구든지 이 어린 아이와 같이 자기를 낮추는 사람이 천국에서 큰 자니라."

06 이 부분에 대하여는 《죽음에 이르는 병》을 참고하라. 《죽음에 이르는 병》 박병덕 역 (서울: 범우사, 2002), 102쪽. 영역본 Sickness Unto Death, trans Howard V. Hong and Edna H. Hong (Princeton: Princeton University Press, 1980), 60. C.B.b.a.2에서 안티클리마쿠스는 '~에 관한 절망(fortvivlelse over)'과 '~에 대한 절망(fortvivlelse om)'을 구분한다. 그리고 다음과 같이 쓰고 있다. "사람을 절망에 빠뜨리는 것에 관해 절망한다(fortvivlelse over). 자신의 불행에 대한(over sin Ulykke), 세속적인 것에 대한(over det Jordiske), 자신의 재산 손실에 대한(over Tabet af sin Formue) 것 등이다. 그러나 적절하게 이해하면 절망에서 벗어나게 해주는 것이 있다. 즉, 영원한 것에 대한(om det Evige), 자신의 구원에 대한(om sin Frelse), 자신의 힘에 대한(om egen Kraft) 것 등이다.

07 창세기 35:18을 참고하라.

"그가 죽게 되어 그의 혼이 떠나려 할 때에 아들의 이름을 베노니라 불렀으나 그의 아버지는 그를 베냐민이라 불렀더라."

베노니는 "슬픔의 아들"이라는 의미이고, 베냐민이라는 이름은 오른손의 아들, 혹은 남쪽의 아들의 의미이지만 "기쁨의 아들"로 옮긴 것이다.

08 시편 139:7-8, "내가 주의 영을 떠나 어디로 가며 주의 앞에서 어디로 피하리이까? 내가 하늘에 올라갈지라도 거기 계시며 스올에 내 자리를 펼지라도 거기 계시니이다."

09 이 부분은 아리스토텔레스의 《정치학》을 참고하라.

10 마태복음 6:33, "그런즉 너희는 먼저 그의 나라와 그의 의를 구하라. 그리하면 이 모든 것을 너희에게 더하시리라."

11 다음을 참고하라. Judge for Yourself!, pp. 110-13, KW XXI (SV XII 391-93) 그리고 The Moment, no. 7, in The Moment and Late Writings, KW XXIII (SV XIV 248-50).

12 마태복음 19:21, "예수께서 이르시되 네가 온전하고자 할진대 가서 네 소유를 팔아 가난한 자들에게 주라. 그리하면 하늘에서 보화가 네게 있으리라. 그리고 와서 나를 따르라 하시니"

13 잠언 9:10, "여호와를 경외하는 것이 지혜의 근본이요 거룩하신 자를 아는 것이 명철이니라."

    또한, 시편 111:10, 집회서 1:12를 참고하라.

14 이 부분은 욥기 28:28을 암시하고 있다. "또 사람에게 말씀하셨도다. 보라, 주를 경외함이 지혜요, 악을 떠남이 명철이니라."

    이 말씀에 의하면, 여호와를 경외하는 것이 지혜 자체이다. 또한, 집회서 1:27, 19:20, 21:11을 참고하라.

    집회서 1:27, "정녕 주님을 경외함은 지혜요 교훈이며 믿음과 온유야말로 주님께서 기뻐하시는 것이다."

    집회서 19:20, "모든 지혜는 하나님을 경외함이니 모든 지혜 안에 율법의 실천과 그분의 전능하심에 대한 지식이 들어 있다."

    집회서 21:11, "율법을 지키는 이는 자신의 생각을 다스리고 주님을 경외함은 지혜로써 완성된다."

15 요한1서 4:8, "사랑하지 아니하는 자는 하나님을 알지 못하나니 이는 하나님은 사랑이심이라."

    요한1서 4:16, "하나님이 우리를 사랑하시는 사랑을 우리가 알고 믿었노니 하나님은 사랑이시라. 사랑 안에 거하는 자는 하나님 안에 거하고 하나님도 그의 안에 거하시느니라."

16 빌립보서 2:12-13, "그러므로 나의 사랑하는 자들아 너희가 나 있을 때뿐 아니라 더욱 지금 나 없을 때에도 항상 복종하여 두렵고 떨림으로

너희 구원을 이루라. 너희 안에서 행하시는 이는 하나님이시니 자기의 기쁘신 뜻을 위하여 너희에게 소원을 두고 행하게 하시나니"

17 사도행전 17:28-29, "우리가 그를 힘입어 살며 기동하며 존재하느니라. 너희 시인 중 어떤 사람들의 말과 같이 우리가 그의 소생이라. 이와 같이 하나님의 소생이 되었은즉 하나님을 금이나 은이나 돌에다 사람의 기술과 고안으로 새긴 것들과 같이 여길 것이 아니니라."

18 사도행전 1:7을 참고하라. "이르시되 때와 시기는 아버지께서 자기의 권한에 두셨으니 너희가 알 바 아니요"

19 Med Sorgen og Klagen hold Maade 찬송가의 한 구절(저자의 이름은 미상). 다음을 참고 하라. Tillæg til den evangelisk-christelige Psalmebog (Copenhagen: 1847), 610, p. 50. 1848년에 키르케고르는 이 주제에 대한 몇 개의 강화 개요를 작성했다. 다음을 참고하라. JP VI 6277, 6278, 6280 (Pap. IX A 421, 498, 500).

20 이어지는 문장은 다음을 참고하라.

"시인"은 결코 이룰 수 없는 행위를 꿈꾼다. 그리하여 그는 웅변가가 된다. 아마도 그는 웅변가가 된다. 왜냐하면 그는 행위의 불행한 연인이니까. 반면에 영웅은 행위의 행복한 연인이다. 결과적으로 그는 웅변가가 된다. 왜냐하면 결핍 때문에 그가 웅변가가 됐으니까. "결핍(deficiency)"이여, 오, 사람들은 오해로 인해 당신을 흉본다. 당신이 잔인하기만 하고 동일하게 동정심도 없는 것처럼 말이다. 당신이 빼앗기만 하고 결코 주지 않는 자처럼 말이다. 결핍은 본질적으로 "시인"을 생산한다.

《들의 백합과 공중의 새》에서의 첫 번째 강화에는 사용되지 않았던 구절. —JP I 167 (Pap. X1 A 198) n.d., 1849

21 이 부분에 대하여는 다음 일기를 참고하라. NB10:171, Pap. X1 A 252 n.d., 1849

세 개의 경건한 강화

세 개의 경건한 강화에서, 주기도문의 "나라가 임하시오며"라는 간구가 사용되지 않는다. 이 주제(침묵)가 "이름이 거룩히 여김을 받으시오며"에서 가장 강조되어야 하기 때문이며, 또한 특별히 두 번째 강화에서 "뜻이 하늘에서 이루어진 것같이 땅에서도 이루어지이다."라는 간구가 나오기 때문인데, 이 간구는 이 주제(순종)에 더욱 적합하기 때문이다. 게다가, ". . . 우리 죄를 사하여 주시옵고"라는 간구는 사용되지 않는다. 이와 관련하여, 새와 백합은 선생이 될 수 없기 때문이다. 마지막으로 "오늘 우리에게 일용할 양식을 주시옵고"라는 간구는 사용되지 않는다. 왜냐하면 이 간구는 초기 강화에서 구체적으로 다루어졌기 때문이다.

22 주기도문 중에 두 번째 간구이다. 마태복음 6:10, "나라가 임하시오며 뜻이 하늘에서 이루어진 것 같이 땅에서도 이루어지이다."

23 주기도문의 세 번째 간구 중에 첫 번째 부분. 마태복음 6:10을 참고하라.

24 잠언 6:6, "게으른 자여, 개미에게 가서 그가 하는 것을 보고 지혜를 얻으라."

II

순종

[01]"한 사람이 두 주인을 섬기지 못할 것이니, 혹 이를 미워하고 저를 사랑하거나 혹 이를 중히 여기고 저를 경히 여김이라."

이것이냐/저것이냐

　나의 독자, 당신도 알다시피, 세상에는 종종 "이것이냐/저것이냐(either/or)"에 대한 이야기가 있습니다. 이런 "이것이냐/저것이냐"에 대한 이야기는 큰 파장을 불러일으키고 가장 다양한 방식으로 다양한 문제들을 다룹니다. 즉, 희망, 두려움, 바쁜 활동, 긴장된 무기력 같은 것들입니다. 당신은 또한 동일한 세상에서 "이것이냐/저것이냐"의 양자택일의 문제가 없다는 이야기도 알고 있습니다. 결국, 이 지혜가 가장 중요한 "이것이냐/저것이냐" 만큼이나 큰 파장을 만들었다는 것도 당신은 압니다. 그러나 저 밖에 새와 백합이 함께 하고 있는 침묵 속에, "이것이냐/저것이냐"가 존재한다는 어떤 의심이 있습니까? 혹은 "이것이냐/저것이냐"가 무엇에 관한 것인지 어떤 의심이 있습니까? 혹은 가장 깊은 의미에서, 이것이냐가 유일하게 "이것이냐/저것이냐"인지에 대한 어떤 의심이 있는지요?[02]

없습니다. 여기 하늘 아래 이러한 엄숙한 침묵 속에서뿐만 아니라, 하나님 앞에서의 이런 엄숙한 침묵 속에서, 그런 의심은 있을 수가 없습니다. 거기에는 "이것이냐/저것이냐"가 있기는 합니다. 하나님이든가, 나머지는 아무래도 좋습니다. 나머지는 시시할 뿐입니다.

사람이 다른 무엇을 선택하든지, 하나님을 선택하지 않는다면, "이것이냐/저것이냐"를 상실했거나, "이것이냐/저것이냐"를 통해 멸망 가운데 있는 것입니다. 그러므로 **하나님이든가**. 보다시피, 하나님과 대조된다는 것을 제외하고 두 번째 것은 결코 어떤 강조점도 없습니다. 그리하여, 강조점은 무한히 하나님께만 쏠립니다. **따라서 스스로 선택의 대상이 됨으로써, 선택의 결정을 진리 안에서 "이것이냐/저것이냐" 가 되는 지점까지 제약하는 분은 하나님이십니다.**

하나님이 홀로 한 분으로 계신 곳에 실제로 선택할 수 있는 세 가지가 있다고 경솔하고 우울하게 생각하는 자가 있다면, 그때 그는 상실되었거나, 하나님을 상실했습니다. 그러므로 거기에 실제로 그를 위한 "이것이냐/저것이냐"는 존재하지 않습니다. 왜냐하면 하나님에 대한 개념이 사라지거나 왜곡될 때, "이것이냐/저것이냐" 역시 하나님과 함께 사라지기 때문입니다. 그러나 새와 백합에게서 발견되는 침묵 속에서 어떻게 이런 일이 사람에게 일어날 수 있겠습니까!

하나님이든가(Either God)

그래서 그때 "이것이냐/저것이냐"는 **"하나님이든가"**입니다. 복음이 이것을 설명하자면, "하나님을 사랑하든가, 그분을 미워하든가"입니다. 그렇습니다. 당신이 소음으로 둘러싸여 있거나, 당신의 마음이 혼란할 때, 이것은 거의 과장처럼 들릴 것입니다. 누군가 사랑함과 미워함을 서로 가까이 놓기에, 한 숨 속에, 단 한 생각 속에 이 두 단어를 넣을 만한 권리를 갖기에는 둘 사이의 거리가 너무 멀어 보입니다. 혹은 이 두 단어 사이에 어떤 삽입문도 없이, 더 가까운 묶음을 위한 병행구문도 없이, 심지어 눈곱만큼 작은 방점도 없이 서로를 즉각적으로 같이 놓을 수는 없습니다.

그러나 진공 속에서는 물체가 무한히 빠른 속도로 떨어지듯이, 저 밖에 새와 백합이 있는 침묵 속에서, 하나님 앞에 있는 엄숙한 침묵 속에서, 이 두 개의 반대말은 서로를 격퇴하고 같은 순간에 함께 오든가, 같은 순간에 생성됩니다. 즉, **사랑하든가 미워하든가.** 진공 속에서는 떨어지는 물체를 지연시킬 만한 제 삼 요소가 없듯이, 이 하나님 앞의 침묵 속에서는 둘 사이에 지연된 거리에서 사랑하고 미워할 수 있도록 할 만한 제 삼 요소는 없습니다.

하나님이든가. 이것을 복음이 설명한 대로 말한다면, 하나님을 중히 여기든가, 그분을 경히 여기든가입니다. 사람들과 함께할 때, 일하고 있을 때, 군중들 속에 있을 때, 누군가를 중히 여기고 그를 경히 여기는 것 사이에는 먼 거리가 있는 것처럼 보입니다. 우리는 말합니다.

"내가 저 사람과 사귈 필요는 없지. 그러나 그것이 내가 그를 경히 여긴다는 의미는 아니야. 결코 그렇지 않아."

이것은 많은 사람들과의 사귐(association)에서도 동일합니다. 거기에는 일반적으로 사람들과의 수다스럽고 사교적인 이야기만 있을 뿐입니다. 서로에게는 더 무관심하거나 덜 무관심하거나. 거기에는 어떤 더 본질적인 내면의 관계는 존재하지 않습니다.

그러나 숫자가 작아질수록, 일반적인 의미에서 우리의 수다스러운 사교적 사귐은 더 적어집니다. 다시 말해, 내면적 사귐은 더욱 증가합니다. 그 관계가 더욱 내면적일수록, "이것이냐/저것이냐"는 관계를 위한 법칙이 되기 시작합니다.

그리고 가장 심오한 의미에서, 하나님과의 사귐은 무조건적으로 비사교적입니다.

두 연인을 생각해 보십시오. 그들의 관계 역시 비사교적입니다. 왜냐하면 그 관계가 내면적이기 때문입니다. 그들과 그들의 관계에 이 법칙이 적용됩니다. 서로를 중히 여기든가, 서로를 경히 여기든가.

이제 새와 백합이 함께하고 있는 하나님 앞에서의 침묵 속에서, 거기에는 다른 어떤 사람도 현존하지 않습니다. 따라서 거기에는 당신을 위한 하나님과의 사귐을 제외하고 다른 어떤 사귐도 존재하지 않습니다. 그렇습니다. 그렇기 때문에 거기에서 이 법칙이 적용되는 것이지요. "그분을 중히 여기든가, 그분을 경히 여기든가." 거기에는 어떤 변명도 없습니다. 왜냐하면 다른 어떤 사람도 현존하지 않으니까요. 어쨌든 당신이 하나님을 경히 여기지 않고 그분을 중히 여길 만큼 다른 어떤 사람도 현존하지 않습니다. 왜냐하면 바로 이 침묵 속에서 하나님이 당신과 얼마나 가까운지 분명하니까요.

두 연인은 서로 너무 가깝기 때문에 다른 사람이 살아 있는 한은, 한 사람이 다른 한 사람을 경히 여기지 않고는 다른 누군가를 중히 여길 수 없습니다. 이것이 이 관계 속에 있는 "이것이냐/저것이냐"의 문제입니다. 이 "이것이냐/저것이냐"(중히 여기든가 경히 여기든가)가 존재하는지는 둘 사이의 관계가 서로 얼마나 가까운가에 달려 있습니다.

그러나 하나님은 결코 죽지 않는 분으로, 당신과 훨씬 더욱 가깝습니다. 왜냐하면 그분은 두 연인이 서로 가까운 것보다 무한히 더욱 당신과 가까우니까요. 그분은 당신의 창조자요, 당신의 수호자(Sustainer)이십니다. 당신이 그분 안에 살고 있고, 그분으로 힘입어 움직이고, 그분으로 힘입어 존재합니다.[03] 또한, 당신은 그분의 은혜를 힘입어 모든 것을 갖습니다.

따라서 하나님을 중히 여기든가 그분을 경히 여기든가는 어떤 과장도 없습니다. 이것은 사람들이 사소한 문제들에 대해 "이것이냐/저것이냐"를 제시하는 것과 같지 않습니다. 우리는 그런 사람에게 말합니다.

"그는 통명스럽죠(brusque)."

그러나 여기에서는 그렇지 않습니다. 한 가지 이유는 하나님은 여전히 **하나님**이라는 것입니다. 둘째로, 하나님은 "이것이냐/저것이냐"를 사소한 것들에 제시하지 않는 다는데 있습니다. 하나님은 "장미이든가, 튤립이든가"라고 말하지 않습니다. 그러나 하나님은 "이것이냐/저것이냐"를 자기 자신에게 제시하며 말합니다.

"**나이든가**. . . . 네가 나를 중히 여기고, 무조건적으로 모든 것을 나에게 헌신하든가, 나를 경히 여기든가."

확실히 하나님은 자기 자신에 대하여 다른 식으로 말할 수가 없습니다. 하나님 자신이 절대적 일인자가 아닌 것처럼, 유일한 하나인 분이 아닌 것처럼, 무조건적으로 전부가 아닌 것처럼, 자기 자신에 대하여 말하거나 말해야만 한다면, 혹은 그저 어떤 것이거나, 우리의 고려의 대상이 되기를 소망하는 어떤 사람일 뿐이라면, 그때, 하나님은 자기 자신을 상실할 것이고, 자기 자신에 대한 사상은 상실할 것이고, 하나님은 더 이상 하나님이 아닐 것입니다.

그래서 그때, 새와 백합이 함께하고 있는 침묵 속에서, "이것이냐/저것이냐"는 존재합니다. 즉, 하나님이든가 . . . . 그리고 이것은 이렇게 이해할 수 있습니다. 하나님을 사랑하든가, 그분을 미워하든가, 혹은 하나님을 중히 여기든가, 하나님을 경히 여기든가.

그때, "이것 이것이냐/저것이냐"는 무엇을 의미합니까? 하나님은 무엇을 요구합니까? "이것이냐/저것이냐"는 어떤 요구(requirement)입니다. 사랑하는 연인(lovers)은 한 사람이 다른 연인에게 말할 때 사랑을 요구하듯이, "이것이냐/저것이냐"는 요구인 것이지요. 그러나 하나님은 연인으로서 당신과 관계하지 않습니다. 당신도 연인으로서 하나님과 관계하지 않습니다. 이것은 다른 관계이고, **피조물과 창조주와의 관계**입니다.

그렇다면, 하나님은 "이것이냐/저것이냐"로 무엇을 요구하는 것일까요? 하나님은 순종을, 무조건적인 순종을 요구합니다. 당신이 모든 것에서 무조건적인 순종을 하지 않는다면, 그때 당신은 하나님을 사랑하는 것이 아닙니다. 그리고 당신이 그분을 사랑하지 않는다면, 당신은 그분을 미워하는 것입니다. 당신이 모든 것에서 무조건적인 순종을 하지 않는다면, 당신은 그분을 중히 여기는 것이 아닙니다. 혹은, 당신이 무조건적으로 모든 것에서 그분을 중히 여기지 않는다면, 그때 당신은 그분을 중히 여기는 것이 아닙니다. 당신이 그분을 중히 여기지 않는다면, 당신은 그분을 경히 여긴 것입니다.

이 무조건적인 순종, 당신이 하나님을 사랑하지 않는다면, 그분을 미워했다는 것, 당신이 무조건적으로 모든 것에서 하나님을 중히 여기지 않았다면, 그분을 경히 여겼다는 것, 이 무조건적인 순종을, 당신은 복음이 언급한 스승에게서 배울 수 있습니다. 사람은 순종함으로써, 명령하는 법을 배운다는 말이 전해집니다. 그러나 당신이 스스로 순종함으로써, 순종을 가르칠 수 있다는 것은 훨씬 더욱 확실합니다.[04]

새와 백합도 역시 마찬가지입니다. 그들은 배우는 자를 강요할 만한 아무런 힘도 없습니다. 그들은 관심을 강요하는 자신의 순종만을 갖고 있을 뿐입니다. 새와 백합은 '순종의 스승입니다.' 이것은 이상한 표현일까요? 일반적으로 '순종'은 배우는 학생에게 적용할 수 있는 단어입니다. 그는 순종해야 한다는 것을 요구받습니다.

그러나 여기에서, 순종하고 있는 자가 스스로 선생입니다! 그가 무엇을 가르치고 있는 걸까요? 순종입니다. 그가 어떻게 가르치고 있습니까? 순종함으로써 가르칩니다. 당신이 새와 백합처럼 동일한 방법으로 순종할 수만 있다면, 당신 역시 순종함으로써 순종을 가르칠 수 있습니다. 그러나 우리들 중에는 어떤 사람도 이런 식으로 순종하지 못하므로, 새와 백합에게서 이것을 배워봅시다.

순종(Obedience)

자연의 순종

저 밖에 새와 백합이 있는 곳에, 거기에는 침묵이 있다고 우리가 말했습니다. 그러나 이 **침묵**(혹은 침묵을 통해서 우리가 배우려고 노력해야 하는 것, 침묵하는 방법)은 진실로 순종을 배우기 위한 첫 번째 조건입니다.

저 밖에 있는 것처럼 당신 주위에 모든 것이 엄숙한 침묵일 때, 그리고 당신 안에도 침묵이 존재할 때, 그때 당신은 느낍니다. 당신은 무한한 강조로, 이 진리를 깨닫습니다.

"너는 주, 너의 하나님을 사랑하고 오직 그분만을 섬겨야 한다."[05]

바로 그 사람이 당신이어야 한다는 것을 깨닫습니다. 이런 식으로 **하나님을 사랑해야 하는 사람이 당신**입니다. 온 세상에 홀로 있는 당신, 당신은 엄숙한 침묵에 둘러싸여 진실로 홀로 있습니다. 모든 의심, 모든 반대, 모든 변명, 모든 회피 그리고 모든 질문들, 한 마디로 말해 모든 음성이 당신의 내면의 존재 속에서 잠잠해질 만큼 홀로 있게 됩니다. 모든 음성, 다시 말해, 하나님의 음성을 제외한 모든 음성은 잠잠해집니다. 그리하여, 당신 주위에 그리고 당신 안에서 하나님의 음성이 침묵을 통해서 당신에게 말씀하십니다.

침묵이 결코 이런 식으로 당신 주위에, 그리고 당신 안에도 존재한 적이 없었다면, 당신은 순종을 결코 배워본 적도 없을 것이고 앞으로도 순종을 배우지 못할 것입니다. 그러나 당신이 침묵을 배웠다면, 당신이 순종을 배우는 데에 아무런 문제가 없을 것입니다.

그때, 당신 주위에 있는 자연에 집중하십시오! **자연에서 만물은 순종이며, 무조건적인 순종입니다.** 여기에서는 "하나님의 뜻이 하늘에서 이루어진 것 같이 땅에서도 이루어지고 있습니다."[06] 혹은 누군가 이 거룩한 말씀을 다른 방식으로 인용한다 해도, 이 말씀은 여전히 잘 들어맞습니다. 자연에서는 "하나님의 뜻이 하늘에서 이루어진 것 같이 땅에서도 이루어지고 있습니다." 자연에서의 만물은 무조건적인 순종입니다.

여기에서 이것은 사실일 뿐만 아니라 인간 세상에서도 마찬가지입니다. 다시 말해, 하나님은 전능하신 분이므로, 그분의 뜻이 아니라면, 아무리 작은 일이더라도, 결코 어떤 일도 일어날 수 없기 때문입니다. 그렇습니다. **여기 인간 세상에서도 무조건적인 순종이 있습니다.** 왜냐하면 만물은 무조건적인 순종이니까요.

그렇지만, 여기에 **무조건적인 차이**가 존재합니다. **왜냐하면 사람의 가장 비겁하거나 가장 반항적인 불순종한 행위가, 그것이 개인의 행위이든, 인류 전체의 행위이든 간에, 전능하신 하나님의 뜻을 거역하는 어떤 것도 행할 수가 없기 때문입니다.** 모든 것이 무조건적으로 그분께 순종하기 때문에 그분의 뜻이 이루어진다는 것은 완전히 별개입니다. 왜냐하면 하늘과 땅에 그분의 뜻을 제외하고 어떤 다른 뜻도 존재하지 않기 때문입니다.

이것은 자연에서는 사실입니다. 성서가 말하듯이, "아버지의 뜻이 아니면, 참새 한 마리도 땅에 떨어지지 않는다"[07]는 말씀은 맞는 말입니다. 이것은 그분이 전능하신 분일뿐만 아니라, 모든 것은 무조건적인 순종 가운데 있고 그분의 뜻이 유일한 뜻이기 때문이기도 합니다. 거기에는 **최소한의 항의도 존재하지 않으며,** 단 한 마디의 말도, 단 한 마디의 탄식도 들리지 않습니다. 무조건적으로 순종하는 참새는 이것이 하나님의 뜻이라면, 무조건적으로 순종하여 땅에 떨어집니다.

자연에서의 모든 것은 무조건적인 순종입니다. 바람의 산들거림도, 숲속의 메아리침도, 나뭇잎의 속삭임도, 들풀의 바스락거림도,[08] 모든 소리(Lyd), 당신이 듣는 모든 소리도 전적인 따름(compliance, Adlyd), 무조건적인 순종(Lydighed)이지요. 따라서 당신은 천체의 순종을 표현하고 있는 천상의 음악 속에서 하나님의 음성을 듣는 것처럼, 그 속에서 하나님의 음성을 들을 수 있습니다.

급하게 불어오는 바람의 환희, 구름의 부드러운 유연성, 바다의 부드럽게 흐르는 물방울과 움직이지 않는 큰 대양, 번개의 빠른 속도와 그 뒤에 따라오는 번개의 웅장한 소리, 이 모든 것은 순종입니다.

태양이 정시에 뜨고, 정시에 질 때, 바람이 순식간에 앞뒤로 움직일 때, 때에 따라 밀물과 썰물이 생길 때, 계절이 변함에 있어 서로 완전히 합의한 것처럼 보일 때, 모든 것, 이 모든 것은 순종입니다.

그렇습니다. 하늘에 자신의 뜻을 갖고 싶어 하는 별이 있었다면, 혹은 저 땅에 자신의 뜻을 갖고 싶어 하는 먼지 한 점이 있었다면, 그들은 같은 순간에, 별은 먼지만큼이나 똑같이 너무도 쉽게 전멸되었을 것입니다. 왜냐하면 이런 식으로 이해할 때, 자연의 모든 것은 무(nothing)이기 때문입니다. 다시 말해, 하나님의 무조건적인 뜻이 없다면, 모든 것은 무입니다. 모든 것이 하나님의 무조건적인 뜻이 아닌 순간에, 모든 것은 존재하기를 중단합니다.

백합의 순종

그때 우리가 순종을 배우기 위해, 조금 더 가까이, 조금 더 인간적으로, 새와 백합을 생각해 봅시다. 새와 백합은 무조건적으로 하나님께 순종합니다. 이 기술에서 그들은 **거장들**(masters, Mestere)입니다. 그들은 스승(Laeremestere)답게, 무조건적인 것과 만나는 방법에 대한 거장다운 이해를 갖고 있습니다. 얼마나 슬픈 일인지요! 이것은 대다수의 사람들이 놓치고 있었고 실수하고 있었던 것입니다.

새와 백합이 무조건적으로 아무것도 모르고 있는 한 가지가 있습니다. 얼마나 슬픈 일인지요! 그것은 대다수의 사람들이 가장 잘 알고 있는 것입니다. 즉, **타협**(half-measures)입니다. 이 작은 불순종, 이것이 무조건적인 불순종은 아니라는 것, 그러나 새와 백합은 이것을 할 수 없습니다. 그들은 이해하기를 바랄 수도 없는 것이지요. 가장 작은 최소한의 불순종이 진실로 하나님에 대한 경멸일 수 없다는 것, 새와 백합은 이런 이해가 없을뿐더러 이런 이해를 바라지도 않습니다. 한 사람이 하나님을 섬김과 동시에 다른 무언가를 섬길 수 있다는 것, 그리고 이것이 하나님을 경히 여기는 것이 아니라는 것, 새와 백합은 이런 이해가 없을뿐더러 이런 이해를 바라지도 않습니다.

　이렇게 **무조건적인 분**(the unconditioned)과 만나고 그 안에서 자신의 삶을 사는 것이 얼마나 놀라운 안전입니까! 오, 이 심오한 선생들이여! 무조건적인 분을 제외하고, 도대체 어디에서 안전을 찾을 수 있단 말입니까! 결국, 본질적으로 **조건적인 것들**(the conditioned)은 안전하지 않기 때문입니다.

　그때 나는 다르게 말하고 싶습니다. 나는 그들이 무조건적인 분과의 만날 수 있었던 안전을 감탄하고 있기보다, **그들이 순종의 스승이 될 수 있는 감탄할 만한 안전을 그들에게 제공한 분이 명확히 무조건적인 분임을 말하고 있는 것이지요**. 새와 백합은 무조건적으로 하나님께 순종합니다. 그들이 순종하는 중에 아주 단순하고, 아주 고상해지기 때문에, 그들은 일어나는 모든 일들이 무조건적으로 하나님의 뜻이라는 것을 믿습니다. 그리고 그들은 무조건적인 순종으로 하나님의 뜻을 행하거나, 무조건적인 순종으로 하나님의 뜻에 맡기는 것 외에는, 이 세상에서는 다른 아무것도 할 수 있는 일이 없다는 것을 믿습니다.

　백합에게 할당된 장소가 가능한 한 불행한 자리라면, 그래서 누가 보아도 백합의 모든 삶이 쓸모없는(superfluous) 것처럼 보인다 하더라도, 백합에게서 기쁨을 찾는 사람이 단 한 사람도 없는 것처럼 보인다 하더라도, 그 장소와 환경이 "너무 절망적으로"(그렇습니다. 내가 저 밖에 백합에 대하여 말하고 있는 것을 잊었습니다.) 불행하기 때문에 누구도 그곳을 찾지 않고 누구도 그곳을 회피한다 하더라도,[09] 순종하는 백합은 순종하면서 그 조건을 받아들이고 그 곳에서 아름답게 꽃을 피웁니다. 우리 인간들, 혹은 백합의 장소에 있는 사람은 말합니다.

"힘들다. 이것은 견디기에 너무 힘들다. 백합이 된다는 것, 백합처럼 아름다워지는 것, 그리고 그때 그런 장소에 할당되는 것, 가능한 한 비호의적인 환경에서 꽃을 피워야 하는 것, 아, 이것은 모든 아름다움의 감동을 파괴하기 위해 계획된 것처럼 보인다. 그래, 이것은 견디기에 너무 힘든 짐이야. 정말로, 이것은 창조자 편에 있는 자기모순이다!"

만약 우리가 백합의 자리에 있었다면, 이것은 아마도 우리 인간이, 혹은 사람이 생각하고 말하는 방식입니다. 그리하여 우리는 곧바로 슬픔에 힘겨워 시들게 될 것입니다. 그러나 백합은 다르게 생각합니다. 이렇게 무언가를 생각합니다.

"물론, 나 자신이 스스로 그 장소와 조건들을 결정할 수는 없었어요. 이것은 눈곱만큼도 저의 일이 아닌 걸요. 제가

서 있는 곳에서 서 있다는 것, 그것은 하나님의 뜻이지요."

이것이 백합이 생각하는 방식입니다. 그리고 자신이 생각한 대로 존재한다는 것, 이것이 하나님의 뜻이라는 것, 이것은 백합의 모습에서 볼 수 있습니다. 왜냐하면 그녀는 아름다우니까요. 솔로몬의 모든 영광으로도 입은 것이 이 꽃 하나만 같지 못했으니까요.[10]

오, 만약 한 백합과 다른 백합 사이에 어떤 **아름다움의 차이**가 있었다면, 이 백합이 상을 받아야만 합니다. 왜냐하면 그녀는 **하나의 특별한 아름다움**(loveliness)을 갖고 있으니까요. 하나의 백합이 그저 백합일 때, 그것은 실제로 아름다워지는 어떤 기술도 아닙니다. 그러나 이런 환경에서 아름다워지는 것, 모든 것들이 백합을 방해하는 그런 환경에서, 그런 환경에서 완전히 자신이 되는 것과 자신을 보존하는 것, **환경의 모든 권력을 조롱하는 것**—아니, 백합은 조롱하지 않습니다.—조롱하는 것이 아니라, 자신의 모든 아름다움으로 완전히 염려로부터 자유롭게 존재하는 것, 그것은 기술입니다!

자신의 그런 환경에도 불구하고 백합은 무조건적으로 하나님께 순종하기 때문에, 그녀는 **자기 자신**이 됩니다. 백합은 무조건적으로 하나님께 순종하기 때문에, 무조건적으로 염려로부터 자유롭습니다. 무조건적으로 염려로부터 자유로운 것은 그런 특별한 환경에서 무조건적으로 순종하는 자들만이 가능한 것이지요. 백합의 완전한 순종과 무조건적인 염려로부터의 자유로움, 직접적으로 그리고 역으로 관계하고 있는 이 두 가지 특징이 바로 백합이 아름다운 이유입니다.

오직 무조건적인 순종을 통해서만, 사람은 자기가 서 있어야만 하는 '장소'를 무조건적으로 정확하게 찾을 수 있습니다. 사람이 무조건적으로 그 장소를 만난다면, 심지어 그 장소가 쓰레기장일지라도, 그것은 그에게 아무런 상관이 없다는 것을 그는 깨닫습니다.

새와 백합의 고난

자신의 환경이 너무 불행하여, 꽃을 피우는 같은 순간에 그대로 꺾여야 하는 것을 확실히 백합이 예상할 수 있다 해도, 그래서 세상에 온 것이 파멸인 것처럼 보인다 해도, 세상에 온 것이 마치 오직 죽기 위한 것처럼, 그녀가 죽기 위해 아름다운 것처럼 보인다 해도, 순종하는 백합은 순종하면서 이 모든 것을 받아들입니다. 이것이 하나님의 뜻이라는 것을 알고 꽃을 피웁니다.

당신이 그 순간에 백합을 보았다면, 이렇게 피는 것이 곧 그녀의 파멸이었다는 것을 결코 눈치 채지 못했을 것입니다. 백합은 그렇게 풍부하고 아름답게 피어났습니다. 그렇게 풍부하고 아름답게 계속 가다가, 무조건적으로 순종하여 파멸에 이르지요. 물론, 이 모든 것은 단지 순간에 불과했습니다.

사람이 백합의 자리에 있었다면, 세상에 태어남과 파멸이 결국 하나였다는 생각에 우리는 확실히 절망하였을 것입니다. 그때 절망하여 한순간만이라도 우리가 자기 자신이 될 수 있는 모습이 되지 못하도록 방해했을 것입니다.

백합의 경우는 그렇지 않습니다. 무조건적으로 순종합니다. 따라서 백합은 아름답게 자기 자신이 되었습니다. 방해받지 않은 채, 그와 같은 순간이 그녀의 죽음이었다는 생각으로 무조건적으로 방해받지 않은 채, 백합은 실제로 스스로 완전한 가능성이 되었습니다.

오, 만약 한 백합과 다른 백합 사이에 아름다움의 차이가 있었다면, 이 백합이 상을 받아야만 합니다. 왜냐하면 이 백합은 하나의 특별한 아름다움을 갖고 있으니까요. 즉, 같은 순간에 그녀는 자신의 파멸이 확실함에도 불구하고, 파멸이 확실한 만큼 아름다웠으니까요.

진실로 자신의 파멸과 마주하고 선다는 것, 그리고 모든 아름다움으로 이 세상에 서기 위한 용기와 믿음을 갖는다는 것, 이것은 오직 무조건적인 순종만이 할 수 있는 것이지요. 이미 말했듯이, 사람은 파멸의 확실성으로 인해 방해를 받습니다. 그래서 그는 자신에게 허락된 잠재 가능성을 실현할 수 없습니다. 아무리 짧은 삶이 그에게 할당되었다 하더라도, 그가 실현해야 할 가능성이 그의 앞에 놓인 것이고 그것들에 의해 측정됩니다. 그는 말할 것입니다. "무슨 목적으로?" 혹은 "왜 해야 하는 거지?" 혹은 그는 말할 것입니다. "그것이 다 무슨 소용이 있담?"

　　그때, 그는 자신의 완전한 잠재 가능성을 펼친 것이 아니라, 그것을 발전시킨 것이 아니라, '순간'이 도착하기도 전에 추하게 **절름발이**가 되어 순간에 굴복한 죄가 있었던 것입니다. 오직 무조건적인 순종만이 무조건적으로 정확하게 '순간'과 만날 수 있습니다. 오직 무조건적인 순종만이 다음 순간에 의해 무조건적으로 방해를 받지 않은 채, 순간을 이용할 수 있습니다.

　　새가 멀리 날아가기 위한 순간이 왔을 때, 그가 아무리 자기가 머문 자리가 자기에게 유익하다는 것이 확실하다고 생각해도, 그의 이런 여행이 의미하는 것은 불확실한 것을 잡기 위해 확실한 유익을 내려놓는 것을 의미합니다. 그리하여 **순종하는 새는 즉시 그의 여행을 시작**합니다.

단지 무조건적인 순종의 도움으로, 새는 단 한 가지의 것만을 깨달으며, 무조건적으로 그것을 깨닫습니다. 즉, **지금이 무조건적인 순간입니다.** 새가 삶의 쓴 맛을 느낄 때, 그가 괴로움과 재난으로 시험을 당할 때, 허구한 날 매일 아침에 그가 자신의 둥지가 망가진 것을 발견할 때, 순종하는 새는 처음과 똑같은 열정과 조심성으로 매일 처음부터 일을 다시 시작합니다.

단지 무조건적인 순종의 도움으로, 새는 한 가지의 것만을 깨달으며, 무조건적으로 그것을 깨닫습니다. 즉, 이것은 그의 일이며, 자신의 일을 해야만 합니다. 새가 이 세상의 악을 경험해야만 할 때, 하나님의 영광을 노래하고 있는 작은 새(songbird. 명금)는 심술궂은 아이가 엄숙함을 파괴하기 위해 그의 노래를 비웃고 자신의 노리개로 만드는 것을 참아야 할 때, 혹은 고독한 새가 그토록 좋아했던 장소, 그가 그토록 특별히 앉아 있기를 좋아했던 나뭇가지, 아마도 그에게 소중한 기억 때문에 그에게 그토록 사랑스러웠던 그 자리를 찾았을 때, 바로 그때 어떤 사람들이 찾아와 자신의 기쁨을 위해 그에게 돌을 던지거나 다른 방법으로 그 장소에서 그를 쫓고 있을 때, 그는 그럼에도 불구하고 자신의 일을 합니다.

아, 새가 아무리 쫓김을 당하고 아무리 노리개가 된다 할지라도, 그가 자신의 사랑과 과거의 장소를 찾는 데에 지칠 줄 모르는 반면, 사람은 악을 찾는 데에 지칠 줄 모릅니다. 그러나 새는 그에게 일어난 모든 것을 무조건적으로 받아들입니다.

단지 무조건적인 순종의 도움으로, 새는 한 가지의 것만을 깨달으며, 무조건적으로 그것을 깨닫습니다. 다만 무조건적으로 그것을 깨닫는 것이지요. 즉, 이런 식으로 그에게 일어난 모든 것은 실제로 그에게 걱정거리가 아닙니다. 다시 말해, 새는 비유적으로만 걱정합니다. 혹은 조금 더 정확하게 말해서, 그가 걱정하고 있는 것은, 또한 무조건적으로 걱정하고 있는 것은 무조건적으로 하나님께 순종하는 것이고 모든 것을 무조건적으로 받아들이는 것이지요.

하나님의 인내

우리가 배워야 할 새와 백합은 이와 같습니다. 따라서 당신은 다음과 같이 말하지 말아야 합니다.

"새와 백합, 그들이 순종하는 것은 아주 쉽지요. 결국, 그들은 다른 어떤 것도 할 수 없거나, 당연히 할 수밖에 없는 일을 한 것뿐입니다. 이런 식으로 순종의 모범이 되는 것은 당연히 할 일로 공을 세운 척 하는 거지요."

당신은 이런 식으로 말하지 말아야 합니다. 당신은 아무 것도 말하지 말아야 합니다. 당신은 침묵해야 하며 순종해야 합니다. 새와 백합이 **당연한 일**(out of necessity)로 자신들의 의무를 다하는 것이 맞다면, 당신 역시 당연한 일로 당신의 의무를 다하는 데 성공할 수 있을 것입니다. 당신 역시 당연한 일(necessity, 필연)의 지배를 받으니까요. 어쨌든, 하나님의 뜻은 이루어질 것입니다.

따라서 무조건적으로 순종하여 하나님의 뜻을 행함으로써, 당연한 일로 당신의 의무를 다하도록 노력하십시오. 어쨌든, 하나님의 뜻은 이루어질 것입니다. 따라서 무조건적으로 순종하여 모든 것을 하나님의 뜻에 맡김으로써, 당연한 일로 당신의 의무를 다하도록 주의하십시오. 그때, 당신은 무조건적으로 순종하였기 때문에, 당신이 행한 것과 당신이 하나님의 뜻에 맡긴 것과 관련하여 자신에게 말할 수가 있습니다.

"나는 다른 어떤 것도 할 수가 없습니다. 나는 당연히 할 수밖에 없는 일을 한 것뿐입니다."

　　당신은 이것을 위해 노력해야 합니다. 새와 백합이 어떤
상황이든, 사람이 무조건적으로 순종하는 것이 실제로 더 어
렵다면, 거기에는 사람에게 어떤 위험이 존재합니다. 내가 감
히 이렇게 말한다면, 이것을 그에게 더욱 쉽게 만드는 위험
입니다. 다시 말해, **하나님의 인내를 잃게 하는 위험**입니다.

　　당신은 정말로 진지하게 당신의 인생을 생각해 본 적이
있거나, 사람들의 인생을 생각해 본 적이 있습니까? 만물이
무조건적으로 순종하고 있는 자연과는 너무 다른 인간 세상
에 대하여 생각해 본 적이 있습니까? 당신은 지금까지 이것
을 생각해 본 적이 있습니까? 그때, 당신은 하나님이 자신을
일컬어 **"인내의 하나님**(God of patience)"[11]이라고 불렀던 것이
어떤 진리와 관계하고 있는 것인지 아무런 전율도 없이 느꼈
는지요? "이것이냐/저것이냐"(즉, "나를 사랑하든지 나를 미워하
든지, 나를 중히 여기든지 경히 여기든지")를 말씀하셨던 하나님,
그분은 당신과 나와 우리 모두를 참을 만한 인내를 갖고 있
는 분이라는 것을 느꼈는지요!

　　하나님이 사람이었다고 상상해 보십시오. 얼마나 오래
전에 그분이 지쳤으며, 얼마나 오래 전에 그분이 나에게 진

저리가 났겠습니까(나 자신을 예로 듭니다)? 그분은 얼마나 오래 전에 나를 다루는 데에 진저리났겠습니까? 그분은 인간의 부모가 말했던 대로 말했을 것이다(물론 다른 이유일지라도 말입니다).

"이 아이는 나쁘고 역겨워. 게다가 어리석고 둔해. 아이에게 어떤 좋은 점이 있다손 치더라도, 그에게 악한 게 너무 많아. 어떤 사람도 그걸 견딜 수 없을 거야."

그렇습니다. 어떤 사람도 이것을 견딜 수 없을 것입니다. 오직 하나님의 인내만이 견딜 수 있습니다.

이제 살고 있는 셀 수 없이 수많은 사람들을 생각해 보십시오! 우리 인간들은 작은 아이들의 교사가 되는 것을 인내하는 일이라고 말합니다. 그리고 이 셀 수 없는 사람들의 교사가 되어야 하는 하나님을 생각해 보십시오! 도대체 얼마나 인내해야만 합니까! 하나님이 교사로 있는 곳에서 사람들은, 모든 아이들은 자기들이 다 컸다고 착각하고, 이미 성인이 되었다고 착각하며, 새와 백합은 완전히 자유롭다는 착각에 사로잡혀 있습니다. 따라서 자신들은 고통을 당하고 있다고 생각하여, 하나님의 인내를 위한 요구조건을 무한히 더욱 크게 합니다. (새와 백합의) 무조건적인 순종이 그들에게 그렇게 쉬워 보이는 것은 바로 이런 이유 때문입니다.

"한 가지 부족한 것은"

인간의 교사는 말합니다.

"한 가지 부족한 것은 아이들이 스스로 착각에 빠져 자기들이 다 큰 어른이라고 생각하는 거지. 그때 사람은 인내를 잃고 절망하고 말거야. 왜냐하면 어떤 사람도 그걸 견딜 수는 없으니까."

그렇습니다. **어떤 사람도 이것을 견딜 수 없습니다. 오직 하나님의 인내만이 견딜 수 있습니다.** 보십시오. 이것이 하나님이 자신을 일컬어 인내의 하나님이라고 부른 이유입니다. 그분은 자신이 무엇을 말하고 있는지 잘 알고 있습니다. 그분이 자신을 이렇게 부를 수 있는 생각을 갖게 된 것이 어떤 분위기 때문이 아닙니다. 아닙니다. 그분은 어떤 분위기에서 변하지 않는 분입니다. 그 분위기란 조바심(impatience)입니다.

하나님은 영원히 이것을 알고 계시고, 수천수만 년의 매일의 경험을 통해 이것을 알고 계시고, 시간이 지속되는 한, 그 시간 속에 인류가 살고 있는 한, 그분은 인내의 하나님이 되어야 한다는 것을 영원히 알고 계십니다. 그렇지 않다면,

인간의 불순종은 견딜 수 없으니까요.

새와 백합과 관련하여, 하나님은 아버지다운 창조자 (Creator)요, 수호자(Sustainer)이십니다. **오직 인간과 관계할 때에만, 그분은 인내의 하나님이십니다. 진실로 이것은 위로이고, 충분히 필요하고 형용할 수 없는 위로입니다.** 이것은 성서가 인내의 하나님이라고 말하면서 "위로의 하나님"이라고 말한 이유입니다.[12] 그러나 인간의 불순종이 하나님이 인내의 하나님이 되게 한 원인인 것, 인간이 하나님의 인내를 헛되게 하는 것, 이것은 또한 **두렵도록 심각한 문제**입니다.

언제나 무조건적으로 순종하고 있는 새와 백합이 알지 못하는 하나님의 속성을 인간은 발견했습니다. 혹은 하나님은 인간을 향해 그토록 큰 사랑을 하시므로, 그분께서 이 속성을 지니고 계신다는 것을 그들에게 나타내십니다. 다시 말해, 하나님은 인내하십니다. 그러나 어떤 의미에서, 이것은 얼마나 **놀라운 책임**(responsibility, Ansvar)인지요! **하나님의 인내는 인간의 불순종과 일치합니다**(svare til). **이것은 위로이며, 두려운 책임 아래에 있는 위로입니다.**[13]

모든 사람이 어떤 사람을 포기한다 하더라도, 심지어는 그가 자기 자신을 포기하기 바로 직전일지라도, 하나님은 여전히 인내의 하나님이라는 것을 그는 감히 믿을 수 있습니다. 이것은 **값으로 매길 수 없는 보물**입니다.

오, 그러나 이 보물을 올바르게 사용하십시오. 이 보물을 저축해야 한다는 것을 기억하십시오. 하늘의 하나님을 위하여 올바르게 사용하십시오. 그렇지 않다면, 당신은 훨씬 더욱 비참한 상태에 빠질 것입니다. 이 보물은 정반대로 바뀔 것이고 더 이상 위로가 아니라 당신을 거역하는 두려운 고발이 될 것입니다.

모든 것에서 무조건적으로 하나님을 중히 여겨야만 한다는 것이 당신에게 가혹한 말로 들릴 수 있습니다. 누군가 이것을 행하지 않는다면 그가 '즉시' 그분을 경히 여긴 것임이 너무 엄격하게 들릴 수 있습니다. (그래도 이것은 진리보다 더 가혹하지 않습니다.) 그러나 "그분의 인내를 헛되이 하는 것은 확실히 그분을 경히 여기는 것이다"라는 말은 결코 가혹한 말일 수 없습니다.

사탄의 시험

그때, 새와 백합에게서 순종을 배우기 위해 복음의 가르침에 더욱 조심성 있게 집중해 보십시오. 두려워하지 마십시오. 당신은 자신의 삶과 이 선생들의 삶을 비교하여 절망하지 마십시오. 거기에는 절망할 만한 아무것도 존재하지 않습니다. 왜냐하면 당신은 그들로부터 배워야 하니까요. 게다가, 복음은 당신에게 하나님은 **인내의 하나님**이라는 것을 먼저 말함으로써 당신을 위로합니다. 그러나 그때 한 가지가 부가됩니다.

"그대는 새와 백합에게 배워야 한다. 새와 백합에게 무조건적으로 순종하는 법을 배워야 한다. 두 주인을 섬기지 않는 법도 배워야 한다. 왜냐하면 어떤 사람도 두 주인을 섬길 수 없으니까. 사람은 이것이든가 … 저것이든가 해야 한다."

그러나 새와 백합처럼 무조건적으로 순종할 수 있다면, 당신은 배우기로 되어 있던 것을 배운 것이고 새와 백합에게서 그것을 배웠던 것입니다. (그리고 이 순종을 철저하게 배웠다면, 당신은 그들보다 더욱 완전한 자가 되었을 것입니다. 왜냐하면 그때 새와 백합은 더 이상 선생이 아니라 은유로써 당신의 형상(image)이었던 것입니다.) 당신은 오직 한 주인을 섬기는 법을 배웠던 것이고, 그분만을 사랑하는 법을 배웠던 것이고, 모든 것에서 무조건적으로 그분을 중히 여기는 법을 배웠던 것입니다. 게다가, 당신이 하나님께 기도할 때, 어쨌든 이미 응답되었던 당신의 기도가 응답될 것입니다. "하나님의 뜻이 하늘에서 이루어진 것 같이, 이 땅에서도 이루어지게 하소서."

왜냐하면 무조건적인 순종을 통해서, 당신의 뜻이 하나님의 뜻과 하나가 되니까요. 따라서 하나님의 뜻이 하늘에서 이루어진 것같이, 그런 당신을 통해 이 땅에서도 이루어지니까요. 그때 당신은 기도합니다.

"우리를 시험에 들게 하지 마옵소서."[14]

당신의 이 간구가 들려질 것입니다. 왜냐하면 당신이 하나님께 무조건적으로 순종한다면, 그때 당신 안에는 어떤 애매한 것도 없기 때문입니다. 그리고 당신 안에 어떤 애매한 것도 없다면, 당신은 하나님 앞에서 **온전한 단순함**(simplicity)으로 존재하게 됩니다. **사탄의 모든 교활함과 시험**(temptation)의 덫이 결코 공격할 수 없고 사로잡을 수 없는 한 가지가 있습니다. 그것은 단순함입니다.

사탄이 날카롭게 그의 먹잇감으로 감시하고 있는 것(그러나 새와 백합에게서 결코 찾을 수 없는 것), 모든 시험이 목표로 삼고 있는 것이고 확실히 그의 먹잇감인 것(그러나 새와 백합에게서는 결코 찾을 수 없는 것), 그것은 **애매함**(ambiguity)입니다.

애매함이 있는 곳마다, 거기에는 시험이 있고 거기에서 시험은 너무나 쉽게 강자가 됩니다. 애매함이 있는 곳에 또한 그 토대에 깔려 있는 이런 저런 불순종이 존재합니다. 새와 백합에게는 어떤 애매함도 존재하지 않습니다. 왜냐하면 그 토대에는 어디든지 무조건적인 순종이 가장 깊게 현존하고 있기 때문입니다. 바로 그런 이유로, 새와 백합에게는 어떤 애매함도 존재하지 않으므로 새와 백합이 시험에 빠지는 것은 불가능합니다.

어떤 애매함도 없는 곳에서, 사탄은 무기력합니다. 어떤 애매함도 없는 곳에서, 새를 사냥하는 사람이 앉아 있는 새를 단 한 마리도 발견하지 못할 때, 그의 그물로 할 수 있는 일이 아무것도 없는 것처럼 시험은 그렇게 무기력합니다. 그러나 눈곱만큼, 눈곱만큼의 애매함이 존재한다면, 그때 사탄은 강력하고 시험은 먹잇감에 아주 가깝습니다. 사탄은 눈빛이 날카롭습니다. 이 사악한 자의 덫은 시험이라고 불리고, 그의 먹잇감은 사람의 영혼이라 불립니다.

올바르게 말한다면, 시험은 실제로 사탄으로부터 나오는 것이 아닙니다. 그에게서 숨길 수 있는 애매함은 아무것도, 결코 아무것도 없습니다. 일단 그가 애매함을 발견하게 되면, 시험은 그와 동맹을 맺습니다.[15] 그러나 무조건적인 순종의 도움으로 하나님 안에 숨겨진 사람은 무조건적으로 안전합니다. 그는 안전한 은신처에서 마귀(devil)를 볼 수 있지만 마귀는 그를 볼 수 없습니다.[16] 그의 안전한 은신처에서는 그렇습니다. 마귀는 애매함과 관계할 때 그의 눈빛이 날카로운 만큼, 그가 단순함을 볼 때 맹인이 됩니다. 마귀는 눈이 어두워지거나 실명에 시달립니다.

그러나 무조건적으로 순종하는 자는 두려워 떨면서 마귀를 목격합니다. 마귀의 사악하게 이글거리는 그 눈빛이 땅과 바다와 마음의 가장 숨겨진 비밀을 관통할 수 있는 것처럼 보여도, 정말로 그렇게 할 수 있다 해도, 그 눈빛을 갖고도 그는 맹인입니다! 시험의 덫을 퍼뜨린 자가 무조건적으로 순종함으로써 하나님 안에 숨겨진 자와 관계할 때 맹인이 된다면, 물론 그에게는 어떤 시험도 있을 수 없습니다. 왜냐하면 "하나님은 어떤 사람도 시험하지 않기 때문입니다."[17]

이런 식으로 그의 기도가 들립니다. 그리고 이 기도는 응답됩니다.

"우리를 시험에 들게 하지 마옵소서."

다시 말해,

"내가 어떤 때라도 불순종으로 인해 은신처에서 떠나게

되는 위험에 빠지지 않도록 인도하소서. 내가 불순종의 죄를 짓고 있더라도, 은신처에서 즉시 나를 쫓아내지 마옵소서. 내가 은신처 밖에 서는 시험에 들지 않게 하소서."

그리고 그가 무조건적인 순종으로 은신처에 남아 있다면, 또한 "악으로부터 구원을 받을 것입니다."

복음

아무도 두 주인을 섬길 수 없습니다. 그는 한 사람을 사랑하고 다른 사람을 미워하든가, 한 사람을 중히 여기고 다른 사람을 경히 여겨야 합니다. 당신은 하나님과 맘몬(mammon, 재물)을, 하나님과 세상을, 선과 악을 동시에 섬길 수 없습니다. 따라서 두 권세(powers)가 존재합니다. 하나님과 세상, 선과 악입니다. 그리고 사람이 오직 한 주인을 섬길 수밖에 없는 이유는 이 두 가지의 힘 중에서 한 권세가 다른 편보다 무한히 강해도, 이 두 권세가 서로 생사를 건 싸움 중에 있다는데에 있습니다.

사람이기 때문에 직면할 수밖에 없는 이런 거대한 위험

이 존재합니다. 이것은 행복한 순진함(innocence)으로 혹은 무조건적인 순종으로 **새와 백합이 모면한 위험**입니다. 왜냐하면 하나님과 세상도, 선과 악도 그들과는 싸우지 않기 때문입니다. 이 거대한 위험, '사람'은 이 두 거대한 권세 사이에 놓이게 되고 그에게 선택의 능력이 주어진다는 것. 이런 상황에서 그는 사랑하든가 미워해야 한다는 것, 사랑하지 않는 것은 미워하는 것임을 의미하는 것이 이 거대한 위험의 실체입니다.

이 두 권세가 너무 적대적이기 때문에 한 편으로 눈곱만큼만 기울어도, 다른 편에서는 그것을 무조건적인 반대로 간주합니다. 사람이 그가 놓여 있는 이 거대한 위험을 망각한다면 어떻게 되겠습니까? 주의하십시오. 이 위험을 망각하려는 노력은 이 위험과 맞서 싸우는 유용한 수단이 아닙니다. 우리가 이 위험 가운데 있다는 것을 망각한다면, 우리가 위험 가운데 있는 것이 아니라고 생각한다면, 심지어 우리가 '평화'와 '안전'이 있다고까지 말한다면,[18] 그때 복음이 말하는 것은 우리에게 어리석은 과장처럼 들립니다.

아, 얼마나 슬픈지요! 이것은 우리가 위험에 푹 빠져 있기 때문입니다. 우리가 그렇게 길을 잃었기 때문에, 하나님이 우리를 얼마나 사랑하는지에 대한 사랑의 생각도 없고, 하나님이 무조건적인 순종을 요구하는 것이 그분의 사랑 때문이라는 생각도 없습니다. 뿐만 아니라, 우리는 악의 권세와 교활함에 대한 생각도, 그에 반해 그의 연약함에 대한 생각도 없습니다.

아, 얼마나 슬픈지요! 사람은 아예 처음부터 너무 어린아이 같아 복음을 이해할 수도 없을 뿐만 아니라 이해하고 싶어 하지도 않습니다. 복음이 "이것이냐/저것이냐"를 말하는 것은 그에게 잘못된 과정인 것처럼 들립니다. 그 위험이 그렇게 크다는 것, 무조건적인 순종이 필요하다는 것, 무조건적인 순종의 요구가 그분의 사랑에 바탕을 두고 있다는 것, 이런 것들이 그의 머리로 들어갈 수가 없습니다.

그때 복음은 무엇을 합니까? 양육의 문제에 지혜로운 복음은 무엇이 옳은 것인지 우리에게 증명하기 위해 어떤 사상 다툼이나 말다툼에 끼어들지 않습니다. 복음은 상황에 맞는 해법이 사람이 먼저 복음이 말한 것을 깨닫고, 그 다음으로 무조건적으로 순종하는 것을 결정해야 하는 것이 아니라는 것을 잘 알고 있습니다. 오히려 복음은 반대입니다. 즉, **사람이 복음이 말한 것을 먼저 깨닫게 되는 것은 무조건적인 순종 때문입니다.** 그러므로 복음은 권위를 갖고 말합니다.

"당신은 해야 한다(You shall)."

그러나 동시에 복음은 가장 단단한 마음을 감동시킬 만큼 부드러워집니다. 말하자면, 사랑하는 아버지가 자녀의 손을 잡듯이, 이 복음은 당신의 손을 꼭 잡고 말합니다.

"이리 오렴. 우리가 새와 백합이 있는 밖으로 나가 보자."

저 밖에서 복음은 계속해서 말합니다.

"새와 백합을 생각해 봐. 이 광경에 푹 빠져 봐. 그 속에 너를 푹 잠기게 하는 거야. 어때? 이 광경이 너를 감동시키지 않니?"

그때 저 밖에 새와 백합이 있는 엄숙한 침묵이 당신을 감동시킬 때에, 복음은 더 설명하면서 말합니다.

"그런데, 이 침묵은 왜 이렇게 엄숙할까? 그것은 이 침묵이 무조건적인 순종을 표현하고 있기 때문이야. 만물은 무조건적으로 순종하면서 오직 한 주인만을 섬기지. 그렇게 섬기는 중에 그들은 하나가 돼. 만물은 완전한 통일체로 참여하게 되고, 그들이 하는 모든 행위는 하나의 거룩한 예배가 되지. 그래서 너를 이 거룩한 생각에 사로잡히게 하라는 거야. 왜냐하면 만물은 이 거룩한 생각 밖에 없으니까. 그러니 새와 백합에게서 배워보렴."

그러나 잊지 마십시오. 당신은 새와 백합에게 '배워야 한다'는 것을. 당신은 새와 백합처럼 무조건적으로 순종해야 합니다.

명심하십시오!
한 주인을 섬기려 하지 않는 것은 인간의 죄라는 것을.
혹은 다른 주인을 섬기거나 두 주인이나 그 이상의 주인을 섬기려 하는 것은 인간의 죄라는 것을.
전에 만물이 보기에 좋았던 온 세상의 아름다움을 파괴하고 있는 것이 바로 인간의 죄라는 것을.
이 하나였던 세상에 갈라진 틈을 만들고 있는 것이 인간의 죄라는 것을.
또한, 모든 죄가 불순종이고 모든 불순종은 죄라는 것을
명심하십시오.

참고 자료

01 이 부분에 대하여는 다음 자료를 참고하라. NB2:236, Pap. VIII1 A 359,
JP I 952, 1847년

아무도 두 주인을 섬길 수 없다. 이것은 어떤 것을 선택해야 할지 잘
모르는 우유부단하고 의심스러운 사람에게만 적용되는 것이 아니다.
아니—즐거움과 욕망을 섬기기 위해 반항적으로 하늘과 하나님과
단절한 사람: 그 역시 두 주인을 섬기는데, 그것은 누구도 할 수 없다.
그가 원하든 원하지 않든 하나님을 섬겨야 하기 때문이다. 이 상황은 둘
중 하나를 선택하는 것만큼 간단한 것이 아니다. 오히려 상황은 이렇다:
실제로 한 주인만을 섬기려면 선택할 수 있는 것은 오직 한 가지, 바로
하나님이다.

02 다음을 참고하라. Either/Or, II, pp. 157-78 (SV II 143-61).

03 사도행전 17:28, "우리가 그를 힘입어 살며 기동하며 존재하느니라.
너희 시인 중 어떤 사람들의 말과 같이 우리가 그의 소생이라 하니"

04 계속되는 구절은 다음을 참고하라.

원고에서 삭제된 것: 입법자가 사람들이 그의 법을 지키기를 바란다면,
그는 아마도 사람들에게 순종을 강요할 만한 능력을 지닌다. 그러나
그가 무조건적으로 자신이 그 법에 순종함으로써 시작하게 하자. 그때
그의 순종이 틀림없이 다른 사람들에게 순종하도록 강요할 것이다.

-Pap. X5 B 5:3 n.d., 1849

05 마태복음 4:10, "이에 예수께서 말씀하시되 사탄아 물러가라
기록되었으되, 주 너의 하나님께 경배하고 다만 그를 섬기라
하였느니라."

마가복음 12:30, "네 마음을 다하고 목숨을 다하고 뜻을 다하고 힘을

다하여 주 너의 하나님을 사랑하라 하신 것이요"

06 마태복음 6:10, "나라가 임하시오며 뜻이 하늘에서 이루어진 것 같이
    땅에서도 이루어지이다."

07 마태복음 10:29, "참새 두 마리가 한 앗사리온에 팔리지 않느냐 그러나
    너희 아버지께서 허락하지 아니하시면 그 하나도 땅에 떨어지지
    아니하리라.

08 계속되는 구절은 다음을 참고하라.

    원고의 여백에서 삭제된 것: . . . . 천체의 운동인 조화, 이 광대한
    덩어리 속에서 만물과 함께하고 있는 노래를 부를 수 있는 소리, 무한자
    속에서의 모든 지점의 메아리: 이 모든 것은 순종이다.-Pap. X5 B 5:4
    n.d., 1849

09 아마도 이것은 "코르사르" 사건으로 인해 공격을 당했을 때, 자신의
    처지였을 것이다. 키르케고르는 이 풍자 주간지의 공격을 받으면서
    두문불출하게 되었다.

10 마태복음 6:29, "그러나 내가 너희에게 말하노니 솔로몬의 모든
    영광으로도 입은 것이 이 꽃 하나만 같지 못하였으니라."

11 로마서 15:5, "이제 인내와 위로의 하나님이 너희로 그리스도 예수를
    본받아 서로 뜻이 같게 하여 주사"

12 로마서 15:5를 참고하라.

13 본문의 계속되는 부분은 다음을 보라.

    원고에서 삭제된 것: 어떤 가치 있는 물건을 운반하고 있는 나그네처럼
    말이다. 그는 집에서 보내준 모든 돈이 그에게 전달되지 않을 때, 이
    보물의 위로를 안다. [삭제된 것: 같은 방식이다.] . . . . -Pap. X5 B 5:6
    n.d., 1849

14 마태복음 6:13, "우리를 시험에 들게 하지 마시옵고 다만 악에서
    구하시옵소서. 나라와 권세와 영광이 아버지께 영원히 있사옵나이다
    아멘"

    그리고 다음을 참고하라. Fear and Trembling, p. 9 그리고 각주 2,

KW VI.

15 계속되는 본문은 다음을 참고하라.

원고에서 삭제된 것: 육식을 하는 새들의 먹잇감인 작은 새는 절벽 틈 사이에서, 움푹 패인 나무줄기에서, 나뭇가지 사이에 있는 피난처에서 숨겨진 장소를 찾는다. 그러나 이 가엾은 것은 그 어디에도 안전한 곳이 없다. -Pap. X5 B 5:10 n.d., 1849

16 계속되는 본문은 다음을 참고하라.

원고에서 삭제된 것: 육식하는 새는 작은 새를 볼 수 없는 반면, 작은 새는 앉아서 육식하는 새를 볼 수 있을 만큼 숨겨질 수 있는 일들이 종종 벌어지곤 한다. 그러나 작은 새가 경계하게 하라. 무조건적인 순종으로 하나님 안에서 숨겨진 자는 그와 같지 않다. -Pap. X5 B 5:11 n.d., 1849

17 야고보서 1:13, "사람이 시험을 받을 때에 내가 하나님께 시험을 받는다 하지 말지니 하나님은 악에게 시험을 받지도 아니하시고 친히 아무도 시험하지 아니하시느니라."

18 데살로니가전서 5:3, "그들이 평안하다, 안전하다 할 그 때에 임신한 여자에게 해산의 고통이 이름과 같이 멸망이 갑자기 그들에게 이르리니 결코 피하지 못하리라."

기쁨

"공중의 새를 보라. 심지도 않고 거두지도 않고 창고에 모아들이지도 않는다." 그들은 내일에 대한 염려가 없다. "오늘 존재하고 있는 들의 백합화를 보라."

새와 백합의 기쁨

기쁨,
이것을 행하고 배우십시오.

이제 우리가 기뻐하는 스승인 새와 백합을 생각해 봅시다. "기뻐하는 스승들" 그렇습니다. 당신은 기쁨이 전달능력이 있다는 것을 알고 있으니까요. 그러므로 어떤 사람도 스스로 기뻐하고 있는 사람보다 기쁨을 더 잘 가르칠 수 없습니다. 실제로 기쁨의 스승은 스스로 기뻐하는 것 혹은 기쁨이 되는 것 말고는 아무것도 하지 않습니다. 그가 아무리 기쁨을 전달하기 위해 노력해도, 스스로 기뻐하지 않는다면, 그 가르침은 불완전합니다. 그렇기 때문에 기쁨보다 더 가르치기 쉬운 것은 아무것도 없습니다.

아, 얼마나 슬픈지요. 필요한 모든 것은 스스로 항상 기뻐하는 것뿐입니다.[01] 그러나 이 "슬프다"는 말, 이 말은 스스로 언제나 기뻐하는 일이 쉽지 않다는 것을 암시합니다. 사람이 기뻐할 때, 아주 쉽게 기쁨을 가르칠 수 있다 해도, 이보다 더 확실한 것은 아무것도 없을지라도, 스스로 언제나 기뻐할 수 있는 것은 그렇게 쉽지 않습니다.

그러나 저 밖에 새와 백합이 있는 곳에서, 혹은 저 밖에 새와 백합이 기쁨을 가르치고 있는 곳에서, 거기에는 언제나 기쁨이 존재합니다. 새와 백합은 결코 인간의 선생이 처할 수밖에 없는 그런 곤경을 겪지 않습니다. 인간의 선생은 그가 가르치는 내용을 종이에 쓰거나 도서관에서 찾습니다. 다시 말해, 그는 가르치는 내용을 어떤 다른 장소에 두고 있으며 언제나 자기 자신 안에 갖고 있지 않습니다. 아니, 저 밖에 새와 백합이 가르치고 있는 곳에서는 언제나 기쁨이 존재합니다. 결국, 기쁨은 새와 백합 안에 존재하고 있는 것이지요.

아침에 동이 틀 때, 새가 일찍 일어나 그 날의 기쁨을 향해 날아갈 때, 얼마나 기쁜지요!
다른 분위기 일지라도, 땅거미가 질 때, 새가 기뻐하며 자신의 둥지로 서둘러 날아갈 때, 얼마나 기쁜지요!
기나긴 여름날은 얼마나 기쁜지요!
새가 기뻐하는 일꾼처럼 자신의 일로 노래할 뿐만 아니

라, 그의 일 자체가 노래일 때, 그래서 그가 기쁘게 자신의 노래를 시작할 때, 얼마나 기쁜지요!

새의 이웃이 또한 노래를 시작할 때, 얼마나 새로운 기쁨인가요!

그때 그 옆에 있는 이웃이, 그리고 모든 이웃이 하나의 큰 합창이 되어 노래에 참여할 때, 이것은 얼마나 큰 기쁨인지요!

마침내 숲과 계곡이, 하늘과 땅이, 메아리가 되어 소리바다를 이루었을 때,

이 소리 바다 가운데 새가 첫 음을 치는 그 순간,

기쁨으로 저 하늘에서 즐겁게 뛰놀고 있는 새는 얼마나, 얼마나 기쁜지요!

평생 동안 새의 삶은 마치 이와 같습니다. 그는 언제나 어디서든지 기뻐할 수 있는 무언가를, 충분히 기뻐할 만한 무언가를 발견합니다. 그는 단 한순간도 낭비하지 않습니다. 그러나 그는 기뻐하지 못했던 어떤 순간도 낭비된 순간으로 여깁니다.

이슬이 내리고 백합을 싱그럽게 할 때, 그리하여 그녀가

시원해지고, 휴식하며 마음을 가라앉힐 때, 얼마나 기쁜
지요!

그녀가 목욕한 후에 첫 번째 햇빛으로 그녀의 아름다운
몸을 말릴 때, 얼마나 기쁜지요!

기나긴 여름날은 얼마나 기쁜지요!

오, 그들을 보십시오! 백합을 보십시오, 새를 보십시오,
그들이 함께하고 있는 것을 보십시오!

기분전환을 위해 새가 백합과 농담을 주고받으며 장난치
는 동안,

새의 둥지가 있는 곳에, 형용할 수 없을 만큼 아늑한 둥지
가 있는 곳에, 그가 백합 옆에 숨을 때, 얼마나 기쁜지요!

새가 나뭇가지에서 저 위로, 조금 더 위로, 저 창공을 향
해 날아갈 때,

그가 행복하게 둥지와 백합을 내려다볼 때,

반면 그녀가 웃으면서 위를 향해 새를 바라볼 때, 얼마나
기쁜지요!

오, 더할 나위 없이 행복한 존재여, 기쁨이 충만합니다!

무조건적인 기쁨

혹은 옹졸한 마음이 이해할 때, 그들을 그렇게 기쁘하게 하는 것은 작은 것에 불과하기 때문에 아마도 그 기쁨은 더 작아지는 것 아닐까요? 아닙니다. 이것, 이 옹졸한 이해는 확실히 오해입니다. 아, 이것은 지극히 슬프고 통탄할 만한 오해입니다. **왜냐하면 그들을 기쁘게 했던 것이 작다는 사실이 그들 스스로가 기쁨이고 기쁨 자체라는 증거이기 때문입니다.** 이것은 진실로 그렇지 않습니까?

만약 누군가 결코 아무것도 아닌 일로 기쁘했다면, 그럼에도 불구하고 형용할 수 없이 기쁘했다면, **그때 이것은 그가 기쁨이고 기쁨 자체라는 최고의 증거입니다.** 그리고 이것이 새와 백합이 존재하는 방식입니다. 그래서 그들은 기쁨의 기쁘하는 스승입니다. 그들은 무조건적으로 기쁘하고 있기 때문에 기쁨 자체입니다.

예를 들어, 어떤 조건들에 의지하고 있는 자의 기쁨은 그 자체로 기쁨이 아닙니다. 결국, 그의 기쁨은 조건적(conditional)인 기쁨이고 조건들과의 관계에서 조건적입니다. 그러나 기쁨 자체인 사람은 무조건적으로 기쁘합니다. 역으로, 무조건적으로 기쁘하는 자는 기쁨 자체인 것처럼 말입니다.

오, 우리가 기뻐하게 되는 조건들이 얼마나 우리 인간들에게 괴로움과 염려를 야기시킵니까! 우리가 (기뻐할 수 있는) 모든 조건들을 다 확보한다 해도, 어쨌든 무조건적으로 기뻐하지는 못할 것입니다. 그러나 당신, 기쁨의 심오한 스승이여, 당신은 다른 것을 할 수 없다는 것이 사실이 아닌가요? 왜냐하면 누군가 그가 기뻐할 수 있는 모든 조건들을 다 가진다 해도, 기뻐하기 위해 조건들의 도움을 받는다는 것은 조건적인 방법 그 이상으로 기뻐할 수 없다는 것을 의미하거나, 조건적인 것을 제외한 다른 무언가를 할 수 없다는 것을 의미하기 때문입니다.

조건들과 조건들에 종속되는 것은 서로 부합합니다. 그렇습니다. 오직 기쁨 자체인 사람만이 무조건적으로 기뻐합니다. 그리고 무조건적으로 기뻐함으로만 그는 기쁨 자체가 됩니다.

단순한 가르침

그러나 새와 백합의 가르침의 내용에 어떤 기쁨이 있는지, 혹은 기쁨에 대한 그들의 가르침의 내용이 무엇인지 짧게 말할 수 있는 방법이 없지 않습니까? 다시 말해, 그들의 가르침을 어떤 생각으로 표현할 수 있고 그것을 짧게 말할 수 있습니까? 그렇습니다. 그것은 가능하고 쉽게 이루어질 수 있습니다. 왜냐하면 새와 백합이 실제로 아무리 단순하다 해도, 그들이 결코 무심하게(thoughtless) 존재하지는 않기 때문입니다.

따라서 그들의 가르침은 쉽게 표현될 수 있습니다. 하지만 우리가 이것과 관련하여 그들의 가르침은 특이하게 짧다는 것을 잊지 맙시다. 왜냐하면 새와 백합은 자기 자신이 가르치고 있는 내용이니까요. 그들 스스로 선생으로서 그들이 가르치고 있는 것을 표현하고 있으니까요.

가장 엄밀한 의미에서, 새와 백합은 직접적으로 그들이 가르치는 내용을 소유하고 있다는 것, 이것은 **획득된 독창성**(acquired originality)입니다. 이것은 직접적이거나 최초의 독창적인 방식과는 다릅니다. 새와 백합의 이 획득된 독창성은 결과적으로 **단순함**(simplicity)입니다. 왜냐하면 가르침이 단순한지는 단순하고 일상적인 매일의 표현을 사용하든가 거창하고 박식한 언어를 사용하든가에 달려 있는 것이 아니기 때문입니다. 단순함은 선생 스스로가 그가 가르치는 내용이라는 데에 있습니다.

바로 이것이 새와 백합의 경우에 해당됩니다. 그러나 그들의 삶이 표현하고 있는 기쁨에 대한 가르침은 다음에 나오는 것처럼 너무 짧습니다: 거기에는 존재하고(is) 있는 오늘(today)이 있습니다. 무한한 강조점은 이 "존재한다"라는 말에 있습니다. 그렇습니다. 거기에는 오늘이 존재합니다. 그리고 거기에는 내일(tomorrow)에 대한 혹은 내일 모레에 대한 어떤 염려도, 절대적으로 어떤 염려도 없습니다. 이것은 새와 백합에게 있는 어리석음이 아닙니다. 이것은 침묵과 순종의 기쁨입니다.

당신이 자연에 존재하고 있는 엄숙한 침묵 속에서 침묵할 때, 내일은 존재하지 않습니다. 피조물들이 순종한 것처럼 당신이 순종할 때, 거기에 내일은 존재하지 않습니다. '내일'은 잡담과 불순종이 발명한 **저주받은 날**입니다. 그러나 침묵과 순종 때문에 내일이 존재하지 않을 때, 그때 침묵과 순종 속에서 오늘, 오늘만이 존재합니다. 그리고 그때 새와 백합에게서 기쁨이 발견된 것처럼 거기에는 기쁨이 존재합니다.

오늘 존재하기

기쁨이란 무엇입니까? 혹은 기뻐한다는 것은 무엇입니까? **기쁨이란 진리 안에서 현존**(nærværende)**하는 자기 자신이 되는 것입니다.** 그러나 진리 안에서 현존하여 자기 자신이 되는 것이란 이 '오늘'이며, 이 '오늘 존재하는 것'(være idag)'이고, 진리 안에서 '오늘 존재하는 것'입니다.

당신이 오늘 존재한다는 것이 더욱 진실할수록, 당신은 더욱 완전하게 현존하게 되어 오늘 당신 자신이 됩니다. 당신을 위해 존재하고 있었던 불행의 날인 내일은 그만큼 더 줄어들게 됩니다. **기쁨은 현재**(present time)**입니다.** 여기에 완전한 강조점은 "현재"라는 데에 있습니다.

그러므로 이것은 하나님께 복이 있는 이유입니다. 왜냐하면 그분은 영원히 말씀하시는 분으로, 그분은 '오늘' 존재함으로 영원히 그리고 무한히 현존하여 그분 자신이 되어 계신 분이기 때문입니다.[02] 그러므로 이것은 새와 백합이 기쁨인 이유입니다. 왜냐하면 침묵과 순종으로 오늘 존재하게 됨으로 완전하게 현존하게 되어 그들 자신이 되었기 때문입니다.

"그러나"

당신은 말합니다.

"새와 백합에게 그것은 너무 쉽죠."

이것에 대한 대답은 다음과 같습니다. 당신은 그 어떤 "그러나"로도 나오지 마십시오. 당신은 오늘 존재하게 되므로 완전하게 현존하게 되어 당신 자신이 되는 법을 새와 백합에게서 배우십시오. 그때, **당신 역시 기쁨**이 될 것입니다.

그러나 이미 언급했다시피, 절대로 "그러나"는 안 됩니다. 왜냐하면 이것은 진지함(earnestness)이기 때문에, 당신은 새와 백합에게 기쁨을 배워야만 합니다(shall learn). 당신이 거드름을 덜 피울수록, 왜냐하면 새와 백합이 단순하니까요, 아마도 당신이 사람이라는 것을 느끼기 위해서라도 재치가 넘치게 됩니다. 그래서 당신은 특별한 내일에 대하여 이야기할 때, 다음과 같이 말합니다.

"오늘을 산다는 것은 새와 백합에게 쉬운 일인 걸요. 왜냐하면 그들에게는 염려할 수 있는 내일이 아예 없죠. 그러나 사람은 무엇을 먹고 살아야 하는지에 대한 내일의 염려가 있을 뿐만 아니라, 그들이 무엇을 먹었고 어떤 값을 지불하지 못했는지에 대한 어제의 염려가 있죠!"[03]

아니, 이런 재치는 절대 안 됩니다. 왜냐하면 이런 재치는 무례하게 수업을 망칩니다.[04] 그러나 배우십시오. 적어도 새와 백합에게 배우기를 시작하십시오. 왜냐하면 새와 백합이 무엇 때문에 기뻐하고, 그들처럼 되는 것이 어떤 것인지, 그렇게 되는 것이 기뻐할 만한 아무것도 없는 것인지 생각하는 사람이 아무도 없기 때문입니다!

그러므로 당신이 태어났다는 것, 당신이 존재한다는 것, '오늘' 당신이 존재하기 위해 필요한 것을 갖고 있다는 것, 당신이 태어났다는 것, 당신이 사람이 되었다는 것.

그래서 당신이 볼 수 있다는 것, 당신이 볼 수 있다는 것을 명심하십시오. 당신이 들을 수 있다는 것, 당신이 냄새를 맡을 수 있다는 것, 당신이 맛을 볼 수 있다는 것, 당신이 느낄 수 있다는 것.

태양이 당신에게 그리고 당신을 위해 비추고 있다는 것, 당신이 지칠 때, 달이 떠오르고 별이 빛난다는 것.

겨울이 온다는 것, 모든 자연은 자신의 옷을 갈아입고 낯선 자인 척한다는 것, 당신을 기쁘게 하기 위해.

봄이 온다는 것, 새들이 큰 무리로 돌아온다는 것, 당신에게 기쁨을 선물로 주기 위해.

잎은 싹이 나고, 숲은 자신을 아름답게 꾸미며 신부처럼 서 있다는 것, 당신에게 기쁨을 선물로 주기 위해.

가을이 오고 새가 멀리 날아간다는 것, 그들이 진귀하고 소중하기 때문이 아니라, 당신이 새에게 지루해지지 않도록.

숲은 자신의 다음 시간을 위해 자신의 화려함을 숨긴다는 것, 즉 다음 시간에 당신에게 기쁨을 선물로 주기 위해.

그리고 이 모든 것이 기뻐할 만한 아무것도 없는 것인지요!

오, 내가 감히 꾸짖는다면, 그러나 새와 백합에 대한 존경으로 나는 감히 그렇게 할 수가 없습니다. 그러므로 이것이 기뻐할 만한 아무것도 아니라고 말하는 대신에, 나는 다음과 같이 말할 것입니다.

이것이 당신에게 기쁨을 주지 못한다면, 그때 거기에는 기뻐할 만한 아무것도 존재하지 않습니다. 새와 백합이 기쁨이라는 것을 생각해 보십시오. 이런 식으로 이해한다면, 물론 당신은 당신에게 기쁨을 선물로 줄 수 있는 새와 백합을 갖고 있다 해도, 그들은 당신보다 훨씬 더욱 기뻐할 만한 것이 아무것도 없습니다. 그러므로 백합에게 배우십시오. 새에게 배우십시오. 왜냐하면 그들은 당신의 스승이고, 그들은 존재하고 있고, 오늘 존재하며, 기쁨 자체로 존재할 수 있는 기술을 터득한 거장(masters)이기 때문입니다.

만약 당신이 기쁨 자체인 새와 백합을 보면서 기쁨을 찾을 수 없다면, 만약 당신이 그들에게 배우기는 원하지만 기쁨을 찾을 수 없다면, 당신은 선생이 아이들에게 말했던 것과 같은 상황에 처하게 된 것입니다.

"그가 능력이 부족한 게 아니야. 왜냐하면 그에게 이 수업은 너무 쉽다고. 그래서 이 과목은 능력 부족의 문제일 수가 없다고. 틀림없이 다른 무언가 있어. 아마도 틀림없이 이것은 그가 지금으로서는 심각하게 다룰 필요가 없는 관심부족의 문제일 거야. 그는 이것을 다루고 싶지도 않고 심지어는 반항적이거든."

만물의 탄식

이것이 새와 백합이 기쁨의 스승으로 존재하는 방식입니다. 그러나 모든 자연 만물에 슬픔이 있는 것처럼 새와 백합에게도 슬픔이 있습니다. 모든 피조물은 멸망(perishability) 아래에서 신음하고 있고 자신의 뜻에 반하여 멸망의 지배 아래에 놓인 것이 아닌가요?[05] 왜냐하면 모든 것은 멸망할 수밖에 없기 때문입니다!

저 하늘의 별이 아무리 확고하게 고정되어 있다 할지라도, 심지어 가장 확고하게 고정된 별도, 별은 어느 날 그 위치를 바꾸게 될 것이고 떨어지게 됩니다. 결코 위치를 바꾸지 않는 별도 언젠가 심연으로 떨어질 때, 그 위치를 바꾸게 될 것입니다. 이 세상 가운데 있는 모든 것이 버림받고 멸망의 먹잇감이 될 때, 사람이 옷을 갈아입는 것처럼 모든 것을 품고 있는 이 모든 세계는 변하게 될 것입니다.[06]

백합이 즉시 아궁이에 던져질 운명을 피한다 해도, 그녀는 이미 이런 저런 일들로 고통을 당한 후에 시들어야 합니다. 새가 나이들어 죽게 될 수는 있어도, 여전히 언젠가는 죽어야 하며, 이미 이런 저런 일들로 고통을 당한 후에 사랑하는 가족들로부터 분리되어야 합니다.

아, 모든 것은 죽을 수밖에 없습니다. 언젠가 모든 것은 있는 그대로, 멸망의 먹잇감이 될 것입니다. 멸망, 멸망, 그것이 탄식(groan)인 것이지요.[07] 왜냐하면 멸망의 지배 아래에 존재하게 되는 것, 그것이 신음이 의미하는 바입니다. 즉, 감금(confinement), 제한(restraint), 투옥(imprisonment)입니다. 그리고 탄식의 내용은 멸망, 멸망입니다!

염려 던지기

그러나 새와 백합은 무조건적으로 기뻐합니다. 여기에서 당신은 새와 백합에게 배워야 한다는 복음의 말씀의 진리를 정말로 보게 됩니다. 진실로 당신은 이보다 더 좋은 스승을 요구할 수 없습니다. 그들은 극도의 슬픔을 지니고 있을지라도, 무조건적으로 기뻐하고 있으며 그들 스스로가 기쁨 자체이지요.

새와 백합이 이것을 얼마나 잘 다루는지 마치 기적처럼 보입니다. 즉, 가장 깊은 슬픔 중에 무조건적으로 기뻐하는 것입니다. 내일이 그렇게 소름 끼칠 때, 그때 존재하는 것, 다시 말해, 오늘 무조건적으로 기뻐하는 것. 어떻게 이것을 그렇게 잘 해낼 수 있을까요?

그들은 이것을 아주 간단하고 단순하게 해냅니다. 새와 백합은 언제나 이것을 해냅니다. 그리고 그들은 내일이 존재하지 않는 것처럼 내일을 제거합니다. 새와 백합은 사도 베드로의 말씀을 마음에 새깁니다. 그들이 아무리 단순할지라도, 그 말씀 전체를 문자 그대로 마음에 새겼던 것입니다.

아, 명확히 이것입니다. 그들이 그 말씀 전체를 문자 그대로 마음에 새겼던 것, 그들을 도운 것은 명확히 이것입니다.

이 말씀이 문자 그대로 마음에 새겨졌을 때, 이 말씀은 거대한 능력을 지닙니다. 이 말씀을 문자 그대로 마음에 새기지 않는다면, 엄밀하게 그 문자에 의해서 말씀은 거의 아무런 힘도 지니지 못하게 됩니다. 이 말씀은 마침내 단지 의미 없는 진부한 이야기가 되고 맙니다. 그러나 이 말씀 전체를 무조건적으로 문자 그대로 마음 판에 새기기 위해서는 무조건적인 단순함이 요구됩니다.

"너의 모든 슬픔이나 염려를 하나님께 던지라."[08]

보십시오. 새와 백합은 무조건적으로 이 말씀을 행합니다. **무조건적인 침묵과 무조건적인 순종의 도움으로, 그들은 다 맡겨 버립니다.** 가장 강력한 **투석기**(catapult)가 자신에게서 큰 돌을 날려 버리는 것처럼, 사람이 그가 가장 증오하는 것을 던져버리고 싶은 열정처럼, 그들은 **자신의 모든 슬픔**을 하나님께 맡겨 버립니다. 그들은 가장 신뢰할 만한 총으로 어떤 포병부대보다도 가장 확실하게 과녁을 명중시키는 것처럼 그렇게 던져 버립니다. 그들은 가장 잘 훈련된 저격수만이 소유하고 있었던 믿음과 확신을 갖고 그렇게 하나님께 던져 버립니다.

바로 그 순간에, 이 동일한 순간은 바로 처음 순간부터 존재하고 있고, 오늘 존재하고 있고, 첫 번째 순간부터 동일하게 존재합니다. 즉, 그들은 동일한 순간에 무조건적으로 기뻐합니다. 오, 이 얼마나 놀라운 기술인지요! 당신의 모든 염려를 즉시 한 손에 넣은 다음, 그토록 능숙하게 던져 정확히 명중시킬 수 있다는 것!

그렇습니다. 새와 백합은 이것을 할 수 있습니다. 그러므로 그들은 같은 순간에 무조건적으로 기뻐합니다. 이것은 전적으로 당연한 것입니다. 왜냐하면 하나님은 전능하신 분으로, 그분은 세상의 모든 무게를 지고 계시며, 모든 슬픔과 염려의 무게도 역시 지고 계시기 때문입니다. 물론 이것은 새와 백합의 슬픔과 염려도 포함하고 있기 때문에, 그들은 무한히 가벼워집니다. 얼마나 형용할 수 없는 기쁨인가요! **다시 말해, 이것은 하나님은 전능하시다는 이 확신에 대한 기쁨입니다.**

염려의 수집

그때 새와 백합에게 배우십시오. 무조건적인 것에 대한 이 기술(skill of the unconditional)을 배우십시오. 확실히, 이것은 놀라운 예술적 재능(artistry)입니다. 바로 이런 이유 때문에라도, 당신은 더욱 더 모든 관심을 새와 백합에게 집중해야 합니다. 이것은 놀라운 예술적 재능입니다. "온유함의 예술(art of meekness)"과도 같이, 무조건적인 것에 대한 기술은 모순을 포함하고 있습니다. 혹은 오히려 무조건적인 것에 대한 기술은 모순을 해결하는 예술작품(work of art)입니다.

동사 "던지다(cast)"라는 말은 사람이 마치 자신이 모든 힘을 모아 그 거대한 힘을 다하여 염려를 던져버려야 할 것처럼, 그렇게 적용해야 할 것처럼 생각나게 합니다. 그러나 그럼에도 불구하고 그 '힘'은 그런 식으로 사용되어서는 안 됩니다. 사용되어야만 하는 것, 무조건적으로 사용되어야만 하는 것, 그것은 '순종(compliance)'입니다.[09]

그럼에도 불구하고 사람은 염려를 던져야만 합니다. 게다가 모든 염려를 던져 버려야만 합니다. 그리고 사람이 모든 염려를 던져 버리지 않는다면, 그가 많든, 조금 있든, 아주 조금 있든, 염려를 남겨 놓게 된다면, 그때 그는 기뻐할 수 없습니다. 하물며 무조건적으로 기뻐하는 것은 더욱 더 불가능합니다.

사람이 무조건적으로 모든 염려를 하나님께 던져 버리지 않고 다른 무언가에 던져 버린다면, 그때 그는 무조건적으로 모든 염려를 제거할 수는 없습니다. 염려는 어떤 식으로든 되돌아옵니다. 때로는 훨씬 더욱 크고 더욱 슬픈 염려의 형태로 되돌아올 수도 있습니다. 염려를 던져 버리지만 하나님께 던지지 않는 것, 그것은 '**살포**(scattering)'입니다. 그러나 살포는 염려를 제거하는 의심스럽고 애매한 치료약입니다.

그렇지만, 무조건적으로 모든 염려를 하나님께 던져 버리는 것, 그것은 '**수집**(gathering)'입니다. 이것은 얼마나 놀라운 모순의 예술작품인가요! 당신은 '수집'의 도움으로 무조건적으로 모든 염려를 제거합니다.[10]

전능자에 대한 예배

그때 새와 백합에게 배우십시오. 당신의 모든 염려를 하나님께 던져 버리십시오! 그러나 기쁨, 당신은 이것을 던져 버리지 말아야 합니다. 반대로 당신은 모든 힘을 다하여, 당신의 생명을 다하여, 기쁨을 굳게 붙잡아야 합니다.

당신이 그렇게 할 수만 있다면, 계산은 아주 간단합니다. 당신은 언제나 어떤 기쁨을 간직하게 됩니다. 왜냐하면 모든 염려를 던져 버렸다면, 물론 당신은 무슨 기쁨을 갖고 있든 기쁨만 간직하고 있으니까요. 그러나 이것이 충분하지는 않을 것입니다.

그러므로 새와 백합에게 무언가를 배우십시오. 새와 백합이 했던 것처럼, 무조건적으로 완전하게 하나님께 모든 염려를 던져 버리십시오. 그때 당신은 새와 백합처럼 무조건적으로 기뻐하게 될 것입니다. 다시 말해, 이것은 무조건적인 기쁨입니다: 전능자 하나님이 그분의 전능하심으로 당신의 모든 염려를 아무것도 아닌 것처럼 가볍게 지신 것, 그리하여 그분의 전능하심을 예배하는 것.

다음으로 이것은 무조건적인 기쁨입니다(사도가 이것을 덧붙입니다): 하나님께 예배하면서 감히 "하나님께서 당신을 돌보신다는 것"을 믿는 것.[11]

무조건적인 기쁨은 **하나님에 대한 단순한 기쁨**입니다. 당신은 하나님에 대하여 하나님 안에서 항상 무조건적으로 기뻐할 수 있습니다. 당신이 이 관계에서 무조건적으로 기뻐하지 못한다면, 그때 잘못은 무조건적으로 당신 안에 있습니다. 다시 말해, 잘못은 **당신의 모든 염려를 그분께 던지는 기량의 부족**, 그렇게 하려는 마음의 원함의 부족에 있고, 당신의 자만심, 당신의 아집 속에 있습니다. 요컨대, 잘못은 당신이 새와 백합처럼 살지 못하는 데 있습니다.

새와 백합이 당신의 스승이 될 수 없는 단 하나의 염려가 존재합니다. 그러므로 우리는 이 염려를 여기에서 논하지 않을 것입니다. 그것은 **죄에 대한 염려**입니다.[12] 모든 염려들과 관련하여, 당신이 무조건적으로 기뻐하지 못한다면, 잘못은 당신에게 있다는 것, 당신이 무조건적인 침묵과 무조건적인 순종을 통해 하나님에 대하여 무조건적으로 기뻐하는 법을 새와 백합에게 배우지 못했다는 말은 진실합니다.

오해

그러나 한 가지가 더 있습니다. 아마도 당신은 '시인'과 이야기합니다.

"그래, 사람이 새 옆에서 집을 짓고 그곳에서 살 수 있다면이야 좋지. 그곳에서는 새와 그의 아내가 짝이 되어 살고 있고, 숲의 고독 속에 숨을 수도 있어. 그러나 거기에는 사회(society)가 존재하지 않아. 아니면 사람이 저 평화로운 들의 백합과 함께 살 수만 있다면이야 얼마나 좋겠어. 거기에서 모든 백합들은 자기 자신만 돌볼 뿐이야. 그러나 거기에는 어떤 사회도 존재하지 않아. 그렇다면, 누구나 쉽게 하나님께 모든 염려를 던져 버릴 수 있고 무조건적으로 기뻐할 수 있어. 그러나 '사회,' 사회 자체가 괴로움이라고! 다시 말해, 사람은 사회적인 행복과 사회에 대한 불행한 환상을 모두 갖고 자기 자신과 다른 사람들을 괴롭히는 유일한 피조물이라고! 그리고 더욱 사회가 커지면 커질수록, 각 개인은 파멸에 이르게 되고 자기 자신도 그렇게 되고 말아."

그러나 당신은 이런 식으로 말하지 말아야 합니다. 아니, 당신은 문제를 조금 더 가까이 보십시오. 그러면 염려가 있음에도 불구하고 새에게, 암컷과 수컷의 한 쌍에, 새와 함께하고 있는 말할 수 없는 사랑의 기쁨이었다는 것을 부끄럽게 인정하게 될 것입니다. 또한 염려가 있음에도 불구하고 백합이 고독하게 됨으로써, 홀로 있는 상태의 자기 충족적 기쁨이 존재한다는 것을 인정하게 될 것입니다. 왜냐하면 사회가 그들이 있는 곳에서도 여전히 존재하고 있지만 그럼에도 불구하고 사회가 그들을 방해하지 못한 것은 정말로 이 기쁨이었으니까요.

당신이 훨씬 더욱 가까이 이 문제를 보십시오! 그러면 당신은 새와 백합이 무조건적인 침묵과 무조건적인 순종으로 하나님에 대하여 무조건적으로 실제로 기뻐하고 있다는 것을 부끄럽게 인정하게 될 것입니다. 새와 백합이 그토록 기뻐할 수 있게 하고 사회에서 만큼이나 고독에도 무조건적으로 기뻐할 수 있게 한 것이 실제로 이것이라는 것을 당신은 부끄럽게 인정하게 될 것입니다. 따라서 그때 새와 백합에게 배우십시오.

오늘 낙원을

그때 당신이 완전히 새와 백합처럼 사는 법을 배울 수만 있다면, 아, 그때 내가 그것을 배울 수만 있다면, 당신뿐만 아니라 내 안에서도 주기도문에서의 마지막 '기도'가 실현되었을 것입니다. 이런 관점에서 이 기도는 모든 기도를 위한 모범이 되었을 것입니다. 다시 말해, **이 기도는 기도함으로써 기뻐하고, 더욱 기뻐하고, 무조건적으로 기뻐하기 위한 모범입니다.** 이 기도는 결국 더 이상 기도해야 할 아무것도 갖고 있지 않고 간구해야 할 아무것도 갖고 있지 않기 때문에 기도하는 중에 무조건적으로 기뻐하고 찬양과 예배(praise and worship)로 끝을 맺습니다.

"나라와 권세와 영광이 아버지께 영원히 있사옵나이다."

그렇습니다. **나라가 그분의 것**입니다. 따라서 당신이 거기 있다는 것이 알려지게 되고, 관심이 당신에게 집중됨으로써, 그분의 일을 방해하는 일이 없도록 무조건적으로 침묵해야 합니다. 그러나 오히려 무조건적인 침묵의 엄숙함이 나라가 그분의 것임을 표현하게 하십시오.

권세가 그분의 것입니다. 따라서 당신은 무조건적으로 순종해야만 합니다. 당신은 무조건적으로 순종하면서 모든 것을 그분께 맡깁니다. 왜냐하면 권세가 그분의 것이니까요.

영광이 그분의 것입니다. 따라서 당신이 행한 모든 것에서, 당신이 고난당한 모든 것에서, 당신이 무조건적으로 행할 수 있는 단 한 가지의 것이 남아 있습니다. 그분께 영광을 돌리는 일입니다. 왜냐하면 영광은 그분의 것이니까요.

오, 이 무조건적인 기쁨이여! 나라와 권세와 영광이 그분의 것이고 영원합니다. "영원히." 보십시오! 이 날을, 영원의 날을. 이 날은 결코 끝나지 않습니다. 그러므로 유일하게 이것만을 꼭 붙잡고 있으십시오. 나라와 권세와 영광이 영원히 그분의 것이라는 사실을. 그러면 그때 당신을 위해 결코 끝나지 않는 '오늘'이 존재하게 될 것입니다. 이 오늘에서 당신은 영원히 현존하여 자기 자신이 될 수 있습니다.

세상의 모든 기반이 흔들릴 때, 그래서 하늘이 무너지고 별들이 자리가 바뀌더라도 내버려두십시오. 새가 죽고 백합이 시들어도 내버려두십시오. 예배 가운데 있는 당신의 기쁨과 기쁨 중에 있는 **당신은 바로 이 오늘에 만물의 종말에도 살아남을 것입니다.**

사람에게 해당되는 것은 아니더라도, 그리스도인으로서 당신에게 관계된 것을 생각해 보십시오. 기독교적으로 말한다면, 죽음의 위험은 "오늘 네가 나와 함께 낙원에 있으리라"[13]라고 말할 만큼 당신에게 정말로 시시한 것입니다. 그러므로 그때 시간에서 영원으로의 이동이 그렇게 빠릅니다. 시간과 영원은 무한히 가장 큰 거리임에도 불구하고 그렇게 빠른 것이지요. 만물의 종말이 온다 하더라도, **시간에서 영원으로의 이동이 매우 빠르기 때문에 바로 "오늘 이 한 날" 낙원에 있게 됩니다. 왜냐하면 기독교적으로 당신은 하나님 안에 남아 있기 때문입니다.**

당신이 하나님 안에 남아 있다면, 그때 당신이 살아 있는 자이든 죽은 자이든, 인생이 당신을 호의적으로 대하든 인생이 당신을 홀대하든, 당신이 오늘 죽든 70년 동안 죽지 않든, 당신의 죽음의 자리를 가장 깊은 바다의 바닥에서 찾든 공기 중의 재로 날아가 버리든, 당신은 결코 하나님 밖에 존재하지 않습니다. 당신은 남아 있습니다. 따라서 하나님 안에서 현존하게 되어 자기 자신이 됩니다. **따라서 당신은 죽음의 날에 오늘 낙원에 남습니다.**

새와 백합은 오직 단 하루만 삽니다. 매우 짧은 날이지만 그럼에도 불구하고 기쁨 자체입니다. 왜냐하면 이미 설명했듯이, 그들은 올바로 오늘 존재하고, 바로 오늘 현존하게 되어 자기 자신이 되기 때문입니다.

그리고 당신, **가장 긴 날을 허락받은 당신이여,** 오늘을 살고 이 한 날에 낙원에 있다니! 당신은 무조건적으로 기뻐해야만 하는 것이 아닌가요! 기쁨 가운데 날아가는 새보다도 훨씬 더욱 멀리 날아 갈 수 있는 당신이여, 이것은 당신이 이 기도를 드릴 때마다 확신할 수 있는 것이 아닌가요? 당신이 속사람에서 이 기쁜 기도를 드릴 때마다 이것은 당신이 더욱 가까워지는 것이 아닌가요?[14]

"나라와 권세와 영광이 아버지께 영원히 있사옵나이다. 아멘."

참고 자료

01 데살로니가전서 5:16, "항상 기뻐하라."

02 아마도 하나님의 존재를 "영원한 현재(the eternal now)"로 이해하면 맞을 것이다. 이런 생각은 폴 틸리히의 "영원한 현재"라는 사상에 영향을 준 것처럼 보인다.

03 다음을 참고하라.

> 여기에서 이런 고찰은 3주 전에 한 편지에 있던 주덴(Zeuthen)의 의견에 적용할 수 있다. (이것은 내가 고찰하기 원함으로써 나의 대답 속에 무심하게 암시했던 것이다.) 곧, "또한 먹었던 것에 대한 어제의 염려가 있다는 것, 밥값을 지불하지 못했다는 것." 다시 말해, 어려움은 아무런 전제 없이 오늘 그 한 날을 갖는 데에 있다. -Pap. VIII1 A 644 May 17. 1848

04 계속되는 문장은 다음을 참고하라.

> 최종본의 여백에서 삭제된 것: . . . . 그리고 십중팔구 약삭빠르게 관심을 전환시켜 버린다. 아무런 차이도 없는 것들 사이에서 차이를 만듦으로써 말이다. 오늘은 정말로 존재하는지, 혹은 당신은 오늘 있는 것인지와 같은 것들. -Pap. X5 B 6:10 n.d., 1849

05 로마서 8:20, "피조물이 허무한 데 굴복하는 것은 자기 뜻이 아니요 오직 굴복하게 하시는 이로 말미암음이라."

06 시편 102:26-27, "천지는 없어지려니와 주는 영존하시겠고 그것들은 다 옷 같이 낡으리니 의복 같이 바꾸시면 바뀌려니와 주는 한결같으시고 주의 연대는 무궁하리이다."

07 로마서 8:22, "피조물이 다 이제까지 함께 탄식하며 함께 고통을 겪고 있는 것을 우리가 아느니라."

08 베드로전서 5:7, "너희 염려를 다 주께 맡기라. 이는 그가 너희를 돌보심이라."

그리고 다음을 참고하라.

이상하게 "세 개의 경건한 강화"에서 나는 베드로의 말씀을 바울의 것으로 돌렸다. "너희 모든 염려를 하나님께 맡기라"는 말씀 말이다.- Pap. X1 A 469 n.d., 1849

키르케고르는 실수로 이 부분을 바울이 말한 것으로 인용한 것이다.

09 고린도후서 10:1이하를 참고하라.

10 독자들은 여기에서 말한 모순을 이해해야 한다. 베드로전서 5장 7절의 "염려를 맡기라"라는 말은 영어로 "염려를 던지라"로 옮길 수 있다. 즉, 던지는 행위 자체는 마치 '살포'인 것처럼 보이지만 하나님께 던지는 것은 '살포'가 아니라 '수집'이라는 점에서 모순이다.

11 베드로전서 5:7을 참고하라.

12 이 본문은 《권위 없이》(without authority)의 1부에 해당하는 본문이며, 3부에서 "죄에 대한 염려"를 다루고 있다.

13 누가복음 23:43, "예수께서 이르시되 내가 진실로 네게 이르노니 오늘 네가 나와 함께 낙원에 있으리라 하시니라."

14 새가 아무리 멀리 날아간다 해도, 하나님의 나라에 이를 수는 없다. 그러나 오늘을 살 때, 그리스도인은 바로 이 날에 하나님의 나라를 경험한다는 의미에서 새보다도 탁월하며 새가 이르지 못하는 거리에 도달하게 된다. 이것은 현재화된 하나님의 나라를 의미하며 영원과 시간의 만남인 "순간"이다.

어떻게 사람이 되는가?

사람은 태어나면서부터 사람인가?

역자는 하나의 관점으로 이 작품을 해석하고자 합니다.
이것은 이 작품에 등장하는 기도를 중심으로 이 작품을 해석
하고자 하는 시도입니다. 그의 기도에서 핵심이 되는 부분을
요약하면 다음과 같습니다.

사람이 된다는 것이 무엇인지,
사람이 되기 위한 경건한 요구조건은 무엇인지,
원컨대, 우리가 새와 백합을 통해 다시 배우게 하소서.
그것들 중에 몇 가지를 조금씩 배우게 하소서.
새와 백합을 통해, 침묵, 순종, 기쁨을 배우게 하소서.

키르케고르의 기도는 작품 해석에 중요한 역할을 합니
다. 따라서 그의 작품을 읽을 때, 기도를 그냥 지나쳐서는 안
됩니다. 그는 이 작품을 쓰면서 사람이 되는 것이 무엇을 의

미하는지를 배우기 원합니다. 하지만 문제는 무엇일까요? 키르케고르가 기도에서 지적한 것처럼, 우리가 사람들과 함께할 때, 바쁜 일상에서 수많은 군중들과 함께할 때, 가장 본질적인 측면으로 우리가 사람인 것을 쉽게 망각합니다. 이런 망각 속에서, 우리는 하나님의 부재를 경험합니다. 그곳에서는 하나님이 계실지라도, 하나님이 쉽게 잊힙니다. 하지만 이것은 심각한 결과를 초래합니다. **그것은 우리 자신이 누구인지 명확할 수 없다는 데 있습니다.**

따라서 키르케고르는 우리가 어떤 존재인지를 더욱 명확하게 말하기 위해, 들의 백합과 공중의 새가 있는 곳으로 초청하기를 원합니다. 엄밀히 말해, 역자는 여기에 초대된 자는 결국 키르케고르 자신이라고 생각합니다. 먼저 이야기를 더 진행하기 전에 그의 일기 하나를 소개합니다. 그는 1854년 그의 말년에 다음과 같이 일기를 쓰고 있습니다.

나의 존재 전체는 가장 심오한 아이러니이다.

남아메리카로 여행하는 것, 땅속 동굴로 내려가는 것, 거기에서 잃어버린 동물, 멸종된 동물의 화석 유물을 파내는 것[01]—이런 것에는 아이러니한 것이 없다. 왜냐하면 거기에는 지금 서식하고 있는 동물과 같은 종류의 것이라 추정되는 것이 없기 때문이다.

그러나 선사시대의 동물의 뼈가 살아 있는 동물의 뼈

와 관련이 있는 것처럼, '기독교 세계의 한가운데서' 현존하는 크리스천과 관련된 기독교적인 것의 형성을 발굴하는 것—이것은 최고의 강렬한 아이러니이다. 이 아이러니는 기독교의 심판인 동시에 벨벳과 실크와 화려한 옷을 입고 있는 1,000명의 목사와 크리스천이라 생각하고 있는 수백만의 사람들이 크리스천일 것이라 추정된다는 사실에 있다.

소크라테스의 아이러니는 무엇으로 구성되어 있는가? 그것은 말의 표현을 적절하게 잘 바꾸는 것일까?[02] 아니다. 그런 아이러니한 농담과 말씨에 있어서의 그런 기교는 소크라테스를 구성하지 않는다. 아니, 그의 존재 전체가 아이러니였다. 즉, 그 시대의 바람둥이와 사업가 등은—짧게 말해, 이 수천 명—완전하게 사람인 것을 확신했고, 사람이 되는 것이 무엇인지 알고 있었던 반면, 아이러니하게도 소크라테스는 이 사람들보다 훨씬 뒤쳐져, 사람이 되는 것이 무엇인지 이 문제를 갖고 씨름하는데 바빴다.[03] 이런 식으로 그는 이 수천 명의 사람들의 모든 노력(Treiben)이 착각, 농담, 소동, 소음과 분주함이라는 사실을 표현했다. 이념(idea)을 고려할 때, 이런 것들의 가치는 0이거나 무(nothing)보다 못하다. 왜냐하면 이런 사람들이 그 이상(Idealiteten)에 집중하기 위해 그들의 삶을 살지 못했기 때문이다.

기독교 세계와 관련하여, 아이러니는 소크라테스적인 것보다 그 안에 한 요소가 더 있다. 기독교 세계에서 사람들은 스스로 사람이라고 상상하고 있을 뿐 아니라(물론, 소크라테스는 결국 여기에서 끝난다), 역사적으로 구체적인 것으로, 자신을 크리스천이라고 상상한다. 소크라테스는 태어날 때 사람이 되는 것인지 의심했다.—사람이 되는 것, 혹은 사람인 것이 무엇을 의미하는지 그런 지식을 얻는 것은 그렇게 쉽게 오지 않는다.—소크라테스가 사로잡혔던 것, 그가 찾았던 것은 사람이 되는 것에 대한 이상(Idealiteten)이었다.

아이가 태어나자마자 기독교인이 되거나, '하나의 고백에 의해' 그리스도인이 된다는 이런 허튼 소리를 들을 때, 그 사람들이 이미 오래 전에 그렇게 진보할 만큼 완전해졌다는 소리를 들었다면,[04] 소크라테스는 무슨 생각을 했을까?(NB 35:2, Pap. XI2 A 189)

우리는 이 일기에서 주목해야 할 점은 그가 '사람의 이상'과 '크리스천의 이상'을 구분하고 있다는 점입니다. 제가 하는 말이 옳지 않을 수도 있겠지만, 독자 여러분들의 이해를 돕기 위해 이미 역사적 해설에서 말씀드린 것처럼 키르케고르의 실존의 3단계 중에서 마지막 단계를 종교성 A와 종교성 B로 나눈 바 있습니다. 이 중에서 더 본질적으로 기독교적인 종교성은 종교성 B에 해당됩니다. 그렇다면, 종교성 A와 종교성 B의 가장 뚜렷한 차이는 무엇일까요?

저는 이 일기를 통해 이 차이를 제시하고자 합니다. **종교성 A는 사람의 이상으로, 종교성 B는 크리스천의 이상으로 제안을 드립니다.** 한 마디로, 종교성 A는 소크라테스가 생각했던 이상에 해당되는 것이고, 종교성 B는 기독교의 본질적인 이상에 해당됩니다. 따라서 이런 점에서는 종교성 A는 이방인들에게서도 나타날 수 있는 종교성입니다.

키르케고르가 그의 작품에서 철학자를 칭찬하는 경우가 거의 없음에도 불구하고, 유일하게 소크라테스를 긍정적으로 자주 인용하고 있습니다. 다시 말해, 그는 상당한 부분을 소크라테스에서 아이디어를 얻은 것처럼 보입니다. 가장 대표적인 것이 소크라테스의 아이러니입니다. 키르케고르는 플라톤의 작품을 해석하는 방법이 독특합니다. 따라서 여기에서 중요한 점은 그의 작품에서 볼 수 있는 소크라테스의 모습은 '그에 의해서 해석된 소크라테스'라는 점입니다. 플라톤의 작품을 읽고 소크라테스를 키르케고르처럼 해석하기란 쉽지 않다는 것을 조금만 연구해보면 알게 될 것입니다.

사람은 정신이다!

이미 소개해드린 일기에서 볼 수 있는 것처럼, 소크라테스는 사람은 태어나면서부터 사람이 되는 것인지를 놓고 씨름했다는 것입니다. 대다수의 사람들은 스스로 사람으로 태어났고 사람인 것으로 착각하고 있다는 것입니다. 그러면서 매일 분주한 삶을 살고 있지만, **단 한 번도 사람으로 살아간**

다는 것이 무엇인지 고민하지 않고 살았던 그 삶은 결국 0이
거나 0보다 못하다고 설명합니다.

　게다가, 현대 과학은 인간의 삶을 아무것도 아닌 것으로
만들어버렸습니다. 과학에 인간이 무엇인지 설명을 맡긴다
면, 과학은 언제나 과학적으로 인간의 삶을 하나의 자연 현
상으로 설명하고 마칩니다. 예들 들어, 화학에 인간의 삶을
설명하라고 하면, 삶이란 '산화와 환원 과정'에 불과합니다.
생물에 인간의 삶을 설명하라고 하면, 인간은 '원숭이에서 진
화한 과정'에 불과합니다. 여기에서 '불과하다'라는 말이 중요
합니다. 인간이란 그 정도에 '불과'합니다. 다시 말해, 인간의
삶은 아무것도 아닙니다. 0이거나 0보다 못합니다.

　더 나아가, 컴퓨터가 발전한 오늘날 인간의 과학기술은
세상을 하나의 네트워크로 연결하였습니다. 말 그대로 '초연
결' 사회입니다. 사람과 사람끼리만 연결한 것이 아니라, 사
물과 사람, 사물과 사물을 연결하는 '사물 인터넷' 시대가 열
린 것입니다. 그야말로 시간과 공간을 초월한 연결이 가능해
졌고, 대화는 빛의 속도로 진행됩니다. 이런 점에서 본다면,
인터넷 세상은 우리의 눈에 보이지 않는 영의 세계와 가장
닮은 것 같습니다. 그럼에도 불구하고, 사람이 무엇인지는 여
전히 알려진 바는 없습니다.

사람의 본질이 무엇인지와 관련하여, 현대 과학기술은 오히려 진화하고 발전하는 것과는 달리, 역행적으로 퇴보하는 것처럼 보입니다. 왜냐하면 그런 시끄러운 발전에 대한 기대는 오히려 더욱 사람의 본질에 대해 망각하게 만드는 효과를 낳기 때문입니다. 사람들은 미래의 발전에 대해 기대와 걱정을 아울러 지니면서도 정작 자기가 누구인지, 사람은 어떤 존재로 살아야 하는지에 대하여는 별로 관심이 없습니다. 게다가, 초연결 사회에서는 잠시나마 네트워크에서 이탈하기라도 한다면 사람들은 마치 신경증에 걸린 사람처럼 불안해합니다. 핸드폰을 집에다 놓고 가기라도 한다면 그날 하루를 망칩니다. 연결된 네트워크에서 이탈했기 때문이지요.

이와 같은 현재의 상황에서, 저는 여러분들에게 소크라테스와 똑같은 질문을 드리고자 합니다. "사람은 태어나면서부터 사람으로 태어나는가?" 이 질문은 당연히 외적인 모습으로의 '사람'을 의미하는 것이 아닙니다. 사람의 본질을 묻는다는 것은 눈에 보이지 않는 사람의 본질 즉, '**정신**(spirit)'을 의미합니다. 그런데 찰스 벨린저는 그의 책 《폭력 계보학》에서 동물은 '정신'으로 규정되어 있지 않다고 말했습니다. 즉, **동물의 본성에는 결여되어 있지만 인간만이 지니고 있는 본성의 요소가 정신이라는 것이지요.** 그는 이런 사실로 동물은 불안을 느끼지 못하지만 인간만 미래의 가능성으로부터 불안을 느낀다고 했습니다.

기독교적인 용어로 옮기면, 정신은 곧 '영'을 의미합니다. 기독교는 우리의 눈에 보이지 않는 영적 세계가 있다고 믿습니다. 뿐만 아니라, **사람 속에 보이지 않는 이 영이 온전할 때만 그는 사람이 됩니다.** 사람은 태어나면서부터 사람인지 물었던 소크라테스의 이 도발적인 질문은 이런 점에서 생각해야 하는 것 아닐까요?

외적으로 생긴 것은 사람이지만 사람 같지 않은 사람이 있습니다. 우리는 이런 사람을 경멸합니다. 우리는 이런 사람들을 심지어 동물보다 못하다고 말할 때도 있습니다. 이 또한 사람의 본성을 의미하는 것으로, 사람의 정신은 나면서부터 갖추어져서 태어나는 것이 아니고 만들어져 가야 함을 의미합니다. 이제 이 정도만 나누더라도 사람의 본질에 대해 어느 정도는 이야기할 수 있습니다.

일반적으로 청소년 윤리 교과서에서 가장 많이 등장하는 주제 중의 하나가 사람의 본질적인 특징을 서술하는 것입니다. 윤리 교과서는 사람이 동물과 다른 본질적인 특성으로 이성적 존재, 도구적 존재, 유희적 존재, 사회적 존재 등을 나열하고 있습니다. 하지만 진정 이것이 인간의 특성을 가장 잘 설명해주는 것일까요? 오히려 지금까지 논의한 바에 따르면, **인간과 동물의 가장 큰 차이점은 인간은 정신**(영. spirit)**으로 존재한다는 것입니다.** 동물에는 정신이 존재하지 않습니다. 그렇기 때문에 동물은 '내가 누구인지' 고민하지 않습니다. 자아를 성찰할 수 있는 능력을 지닌 존재는 인간 밖에 없으며, 이로 인해 인간은 동물이 알지 못하는 고통으로 신음하고 있습니다.

　　그렇다면, 사람의 정신은 언제 더욱 온전해질까요? 사람이 된다는 것이 무엇을 의미하는지를 명확하게 정의하기 위해서는 사람이 정신으로 존재한다는 것이 무엇을 의미하는지를 명확히 논의해야 합니다. 지금부터는 세속적인 이론을 통해 사람이 된다는 것이 무엇을 의미하는지를 말하려는 것이 아니고, **기독교적인 의미에서 사람이 된다는 것이 무엇을 의미하는지** 이 작품을 통해 탐구해 보고자 합니다.

　　이 세상에 사람만 정신 혹은 영으로 존재하는 것이 아닙니다. 바로 하나님이십니다. 하나님은 영이십니다. 우리는 이런 하나님의 영을 일컬어, '거룩한 영', '성령'이라고 부릅니다. 따라서 성령은 우리의 정신을 도우러 오시는 거룩한 정신입니다. 이 거룩한 정신의 도움이 있을 때만 사람은 사람다워집니다. 하나님 없는 사람은 존재할 수 없습니다. 왜냐하면 사람의 본성은 정신이기 때문입니다. 그래서 그리스 철학 사상으로 가득했던 아테네에 갔을 때, 사도 바울은 그들 앞에서 다음과 같이 말합니다.

"우리는 하나님 안에서 살고 움직이며 존재합니다. 여러분의 시인 가운데 어떤 사람이 말한 것처럼 우리도 그분의 자녀입니다."(행 17:28)

이것은 또한 우리가 하나님 앞에 있을 때, 하나님의 숨결을 느낄 때 사람인 것이 무엇인지를 깨달을 수 있음을 의미합니다. 사도바울은 심지어 아테네의 시인들 중에도 우리가 하나님의 자녀임을 말한 자들이 있다는 것이지요. 그런데 문제는 무엇입니까? 인간의 과학기술이, 인공지능 기술이 더욱 온 세상을 하나의 네트워크로 연결하고 있음에도, 하나님만은 제외된 것 같아 씁쓸하기만 합니다. 그런데 어떻게 사람이 무엇인지 제대로 알 수 있겠습니까?

결론적으로 말해, 기독교적 관점에서 보면 사람이 사람다워지기 위해서는 영으로 존재하시는 하나님의 형상을 더욱 닮아야 합니다. 이 세상의 모든 창조물 중에서 오직 사람만 하나님의 형상을 따라 창조되었습니다. 중요한 점은 하나님은 눈에 보이지 않는 분이라는 것입니다. 즉, 하나님은 영이시고 영이신 하나님을 닮은 유일한 피조물이 사람이라면, 사람은 영적으로 더욱 온전해져야 합니다. 이에 대한 더 자세한 논의는 이미 이전에 출간했던 《새와 백합에게 배우라》를 참고하십시오.

새와 백합을 통해 사람인 것을 배우십시오

소크라테스는 "너 자신을 알라!"라고 말한 사람으로 유명합니다. 하지만 우리가 지금까지 논의한 것처럼 인간의 본성은 정신이고, 정신이 어떠한지를 알기 위해서 하나님 앞에 서야 한다면, 단 한 번도 하나님 앞에 서본 적이 없는 사람이 어떻게 자기가 누구인지 알 수 있겠습니까? 따라서 사람의 본성이 무엇인지를 탐구한다는 면에서는 이방 종교에서도 있을 법한 종교성 A에 해당하는 것이지만 소크라테스의 "너 자신을 알라!"라는 말은 잠정적입니다. 그는 하나님 앞에 서본 적이 없기 때문입니다. 이런 점에서 키르케고르는 사람인 것이 무엇인지 배우기 위해 새와 백합이 있는 곳을 추천하고 있습니다. 그렇다면, 그곳에서는 어떤 일이 벌어지는 것일까요?

먼저 명확히 해둘 것은 이곳에 초청된 정신은 '절망한 정신'이라는 점입니다. 그는 절망하여 시인이 되었습니다. 어쩌면 그는 절망했기 때문에 새와 백합이 있는 곳을 찾았습니다. 그리하여 그는 새를 보고 말합니다. "내가 새처럼 날 수 있다면 얼마나 좋을까?" 이렇게 그를 시인으로 만든 것이 절망이고, 절망이 그로 하여금 시를 쓰게 한 것이지요. 그런데 여기에 아이러니가 있습니다. 왜냐하면 복음의 명령대로 시인이 된 이 사람에게 정말로 새가 되라고 말하면 웃기 때문입니다. 웃는다는 것은 무엇을 의미하는 것일까요? 시인은 새가 될 수 없기 때문에 정말로 새가 되라고 말하면 웃습니다.

시인은 새가 되리라는 소망을 시로 썼지만 실제로는 절망하는 정신이었고 새가 될 수 없음이 드러났습니다. 이것이 그의 깊숙한 곳에 숨어 있는 **'존재의 아이러니'**입니다. 그의 말투에 아이러니가 있는 것이 아니라, 그의 존재에 아이러니가 있습니다. 그런데 키르케고르는 자신을 시인이라고 말했습니다.[05] 역자는 여기에 등장하는 시인은 결국 키르케고르 자신이었다고 생각합니다.[06] 그는 시인을 비판하고 있지만

이 시인이 정작 자기 자신이며, 자신의 내면에 이런 깊이 있는 통찰이 있었던 것도 자신의 경험을 바탕으로 이 글을 서술했기 때문입니다. 다시 말해, 시인은 그의 분신인데, 그런 그가 치유되는 과정에 있었습니다. 시인은 자신의 절망적 상황을 다음과 같이 말합니다.

"나는 복음을 이해할 수 없다. 복음과 나 사이에는 언어의 차이가 존재한다. 내가 복음을 이해하려고 하면, 복음은 나를 죽이려 한다."(본문 33쪽)

하지만 시인은 이런 절망적인 상황에서 치유되기 시작합니다. 키르케고르는 의도적으로 시인의 침묵과 복음에서 말하고자 하는 침묵을 명확히 구분합니다. 시인이 들의 백합과 공중의 새가 있는 곳에서 침묵하는 이유는 시를 쓰기 위함입니다. 다시 말해, 시인은 더 많은 말에 이르기 위해 침묵을 찾는다는 것이지요. 그때, 시인은 말할 수 없는 새와 백합에게도 말을 할 수 있도록 말을 빌려줍니다. 하지만 이것은 복음이 추천하는 침묵이 아닙니다. 복음이 추천하는 침묵은 자연에서, 새와 백합에게서 배울 수 있습니다. 독자 여러분들은 이런 점을 고려하며 이 책을 읽어야 합니다.

키르케고르는 기도문에서, 사람이 되는 것이 무엇을 의미하는 것인지 전부 배울 수 없다면, 몇 가지만이라도 새와 백합을 통해 배울 수 있기를 간구합니다. 그 중에서 핵심이 되는 것이 이 책에서 다루고 있는 침묵, 순종, 기쁨입니다.

침묵, 순종, 기쁨을 배우십시오

이제 이 책의 핵심적인 주제인 침묵, 순종, 기쁨으로 넘어왔습니다. 역자는 지금까지의 논의에서 영이신 하나님을 더욱 닮을 때, 하나님을 닮은 사람은 그의 정신이 더욱 온전해질 수 있다고 주장하였습니다.

문제는 무엇입니까? 하이데거가 일반적인 사람들이 '존재 망각'에 빠져있다고 비판했듯, 대부분의 많은 사람들은 자신이 사람인 것을 망각하고 살아갑니다. 사람이 어떠해야 하는지는 아무런 관심사도 아닙니다. 외모가 아름다워지는 것은 열광적인 관심사이기에, 외모의 아름다움을 위해서는 과감하게 성형까지도 할 수 있지만, 정작 영적 아름다움을 위해서는 아무것도 시도하지 않습니다. 키르케고르가 일기에서 소크라테스를 인용하며 말하듯이, 사람이 된다는 것이 무엇인지를 망각하고 살고 있는 모든 삶은 아무것도 아니며, 0 보다 못합니다.

사람이 되는 일로 출발하는 것이 얼마나 어려운지요! 키르케고르는 시작하는 것이 어렵다고 말합니다. **시작하는 것이 어려운 것이 아니라, 시작에 이르는 것이 어렵습니다!** 다시 말해, 사람이 되는 이 과제에 진입하는 것 자체가 어렵다는 것입니다. 사람은 동물과 달리, 하나님을 닮아 영으로 존재합니다. 눈에 보이는 육체는 사람도 똑같은 동물입니다. 그렇지만 근본적으로 사람의 본성 자체는 동물에는 없는 정신이며, 사람은 정신으로 존재합니다. 따라서 정신 나간 사람처럼, '얼빠진' 사람처럼 살면 안 됩니다.

첫째, 우리는 새와 백합을 통해 사람으로 시작하는 법을, 영으로 존재하는 법을 배울 수 있습니다. 바로 이것이 종교성 A로 실존하기 위해서 필요한 과제이며, 이 과제를 수행하기 위해 필요한 것이 침묵입니다. 키르케고르는 "하나님을 두려워하는 것이 지혜의 시작이라면, 침묵은 하나님을 두려워하는 일에 시작"이라고 말합니다. 즉, 침묵은 지혜의 시작입니다. 키르케고르의 기도와 관련하여 이 구절을 해석하자면, 역자는 침묵은 지혜의 시작인 것처럼, 또한 사람이 되는 일의 시작이라고 생각합니다. 왜냐하면 인간은 두려우신 하나님

을 만났을 때만 영으로 존재할 수 있기 때문입니다. 이 하나
님 앞에 있다는 인식이 생기지 않는데 어떻게 사람다운 삶을
살 수 있겠습니까?

사르트르는 그의 작품 《존재와 무》에서 타자는 나를 '훔
쳐가는 존재'로 해석했습니다.[07] 타자는 나를 바라보는 자로,
수치심을 일으키고 존재론적인 힘을 앗아갑니다.[08] 한 마디
로 말해, 사르트르에게 이웃은 사랑의 대상이 아니라, 나를
힘들게 하고 나와 시선의 갈등을 일으키는 대상입니다. 하지
만 크리스천은 언제나 하나님의 시선(코람데오)에 노출되어 있
다고 믿습니다. 이런 사람은 사람의 시선을 두려워하는 것이
아니라 하나님의 시선을 두려워합니다. 이때, 사람은 침묵하
게 됩니다. **역자는 이것을 사람이 되는 일에 '시작'으로 제시
합니다.** 즉, 하나님 경외에 이르지 않는 사람은 시작에 도달
하지 않았으며, 이 과제가 얼마나 힘든 일인지요.

우리는 이런 침묵을 새와 백합을 통해 간접적으로 배울
수 있습니다. 자연의 침묵을 통해 배우는 것이지요. 말할 수
없는 백합이 침묵하는 것은 당연한 것으로, 이것은 아무것도
아니라고 말하면서 배움을 거부할 수도 있습니다. 하지만 백
합을 생각하며 비교해서 사람을 생각해 봅시다. 백합에게 침
묵하는 것은 아무것도 아닐지라도, 말할 수 있는 사람이 말

을 잘 할 수 있는 웅변을 배우는 것과 말하지 않는 침묵을 배우는 것 중에서 어느 것이 더 탁월한 기술일까요?

이제 동물과 사람을 비교해 봅시다. 말할 수 있는 탁월한 기술을 가졌다는 점은 인간이 동물과 비교했을 때의 우월성입니다. 하지만 하나님과의 관계에서도 이것이 우월성일까요?

키르케고르 말마따나 하나님은 하늘에 있고 사람은 땅에 있습니다. 따라서 서로 쉽게 대화할 수 없습니다. 게다가, 크리스천은 하나님은 무한한 지혜이심을 믿습니다. 인간은 하나님과 이야기할 때, 많은 두려움과 떨림으로만 이야기할 수 있다는 것이지요. **사람은 하나님과 관계할 때, 많은 두려움과 떨림으로 인해 침묵에 빠집니다.** 우리는 이런 사실을 새와 백합을 통해 간접적으로 배울 수 있습니다.

기독교적으로 말하자면, **침묵은 곧 기도입니다.** 따라서 기도는 지혜의 시작입니다. 사람은 많은 말을 갖고 기도실에 갑니다. 그래서 많은 말을 쏟아낼 수 있습니다. 하지만 점점 더 기도가 깊어지면, 말이 적어지기 시작하다가 일정 시점이 되면 딱 한 마디의 말만 남게 됩니다. "주여, 말씀하소서. 제가 듣겠나이다." 그리하여 침묵하게 될 때까지 기도는 지속됩니다. 즉, 기도란 하나님의 음성을 듣는 것이며, 기도하는 자가 하나님의 음성을 들을 때까지 기다리는 것, 침묵으로 남는 것입니다.

둘째, 순종을 통해, 사람은 더욱 사람다워집니다. 영이신 하나님을 닮은 사람은 정신이며 영입니다. 또한, 동물과 달리 '영으로 존재해야' 합니다. **바로 이것이 사람의 의무요, 과제입니다.** 순종과 관련하여, 이것은 주기도문의 "뜻이 하늘에서 이루어진 것 같이 땅에서도 이루어지이다"와 가장 관련이 깊습니다. 즉, 뜻이 하늘에서 이루어진 것 같이, 순종하는 사람에 의해 이 땅에 하나님의 뜻이 이루어집니다. 오직 이때만이 하나님의 뜻과 사람의 뜻이 하나가 됩니다. 이런 방식으로 사람은 영이신 하나님을 더욱 닮습니다.

우리는 새와 백합뿐 아니라, 자연의 순종을 통해 간접적으로 순종을 배울 수 있습니다. 즉, 자연은 언제나 하나님의 뜻에 순종합니다. 하늘의 뜻이 언제나 실현되는 곳은 마치 자연인 것 같습니다. 왜냐하면 자연 만물은 언제나 하늘의 뜻 가운데 있었으니까요. 하지만 사람이 사는 곳은 어떻습니까? 유일하게 사람만 하나님의 뜻에 불순종하고 있습니다. 하지만 거시적인 면에서 본다면, 하나님의 뜻 가운데 있지 않는 곳이 어디이겠습니까? 그럼에도 불구하고 인간 세계에서는 이 하나님의 뜻이 이루어지는 방식이 조금 다른 것 같습니다. 불순종하고 반항하는 사람이 존재하기 때문입니다.

사람이 자신의 뜻을 굽히고, 점점 더 하나님의 뜻을 맞출 때, 그리하여 사람의 뜻이 하나님의 뜻과 하나가 될 때, 사람은 더욱 하나님을 닮아 영으로 존재하게 됩니다. **바로 이것이 복음이 추천하는 사람이 되는 방식입니다.**

여기에서 한 가지 꼭 집고 넘어가야 할 것이 있습니다. 키르케고르는 《복음과 함께 고난을 받으라》의 3장에서도 순종을 다루고 있습니다. 분명, **새와 백합을 통해 배우는 순종과, 고난을 통해 배우는 순종은 다릅니다.** 《복음과 함께 고난을 받으라》에서는 고난을 통해 배우는 순종에 대해 말하고 있습니다. 역자는 이 차이를 명확히 구분하기 위해, 새와 백합을 통해 배우는 순종을 사람이 되기 위한 순종(종교성 A)으로, 고난을 통해 배우는 순종을 크리스천이 되기 위한 순종(종교성 B)으로 해석하고자 합니다.

따라서 이 두 본문에서는 선생이 다릅니다. 이 작품에서는 **새와 백합이 인간의 선생**으로 등장하고 있는 반면, 《복음과 함께 고난을 받으라》 3장의 순종에서는 **예수 그리스도가 인간의 선생**으로 등장합니다. 고난을 통해 배우는 순종은 새와 백합에게는 배울 수 없는 순종으로, 새와 백합은 이 순종이 어떤 종류의 것인지 알 수 없습니다.

셋째, 이 작품은 사람이 사람다워지기 위한 기쁨을 소개하고 있습니다. 새와 백합은 기뻐하는 기쁨의 선생입니다. 그들은 존재 자체가 기쁨이며, 무조건적으로 기뻐합니다. 그들이 보잘것없는 것에 기뻐했다는 것이 그들이 기쁨 자체라는 최고의 증거입니다. 그렇다면, 이 기쁨의 본질은 무엇일까요? 그것은 **오늘 존재**하는 데 있습니다. 새와 백합이 무조건적으로 기뻐할 수 있는 이유는 침묵과 순종으로 '오늘 존재하게 됨'으로 완전하게 현존하여 자기 자신이 되었기 때문입니다.

사람 역시 새와 백합처럼 '오늘' 존재할 때만 완전하게 자기 자신이 될 수 있습니다. 이 무조건적인 기쁨은 언제나 현재입니다. 과거에 머문 사람은 후회하며 인생을 마감할 수 있습니다. 혹은 과거의 기억에서 도피하기 위해 쾌락을 즐길 수도 있습니다. 미래에 머문 사람은 현실을 도피하여 과대망상증에 사로잡힐 수 있습니다. 그가 아무리 미래를 기대한다 해도 신기루에 불과합니다. **오직 현재를 살아내는 사람만 사람다워질 수 있습니다.**

하지만 이 기쁨 역시 고난을 통해 배우는 기쁨과는 사뭇 다릅니다. 사람인 것에 만족할 수 있는 기쁨(종교성 A)이 있는 반면, 오직 예수 그리스도의 고난에 동참함으로써 배우는 기뿜(종교성 B)이 있기 때문입니다. 이 부분을 더욱 심층 깊이 공부하려면 《복음과 함께 고난을 받으라》를 참고하십시오. 이 책은 7편의 강화가 있는데, 이 강화의 공통점은 모든 강화가 '기쁨'을 다루고 있다는 데 있습니다. 하지만 가장 명확한 차이점은 **새와 백합은 기뻐하는 기쁨의 스승들임에도 불구하고 고난을 통해 배우는 기쁨에 대해서는 무지하다**는 것입니다. 결론적으로 말해, **예수 그리스도의 고난을 통해 기쁨을 배울 수 있는 사람은 크리스천뿐입니다.** 이런 점에서 고난을 통해 배우는 기쁨이 더 완전한 기쁨입니다.

일반적으로 사람들은 고난 없는 기쁨이 완전한 기쁨이라고 생각합니다. 하지만 그렇지 않습니다. 크리스천에게 완전한 기쁨이란 예수 그리스도의 길을 따르며 무조건적으로 고난을 당하지만 그 가운데 기뻐하는 것입니다. 반면, 아무리 새와 백합이 기쁨의 선생이라 할지라도, 이 기쁨은 가르칠 수도 없을 뿐 아니라, 이 기쁨에 대해 무지합니다.

결론

역자는 지금까지 기도문을 토대로 작품에 대한 전반적인

해석을 다루었습니다. 사람이 되는 것을 실존의 3단계 중에 종교성 A로, 크리스천이 되는 것을 종교성 B로 설명하였습니다. 또한, 새와 백합을 통한 배움을 종교성 A로, 예수 그리스도를 통한 배움을 종교성 B로 소개했습니다. 하지만 이런 견해는 단지 역자의 해석에 불과합니다. 이 해제에는 다루지 않은 더 많은 의미가 있음을 여기까지 읽은 독자라면 이미 파악했을 것이라고 생각합니다.

이제 키르케고르가 남겼던 작품 중에 새와 백합에 관한 강화는 전부 번역하여 소개하였습니다. 1847년에 출판된 강화는 《새와 백합에게 배우라》로, 1848년에 출판된 강화는 《이방인의 염려》로, 마지막으로 1849년에 출판된 강화는 《들의 백합과 공중의 새》로 출판하였으며, 전체 13편의 강화입니다. 키르케고르는 산상수훈 중에서 특별히 이 부분에 굉장히 많은 의미를 부여했습니다. 새와 백합에 대해 다루고 있는 성경 본문 말씀에 대한 그의 해석은 오늘날에도 기독교의 방향을 제시하는데 굉장히 유용하게 쓰일 수 있으리라 확신합니다.

이 작품을 읽는 모든 독자들에게 더욱 하나님의 은혜가 넘치기를 축복합니다.

참고 자료

01 NB19:77(1850), in KJN 7, 387을 참고하라. 여기에서 키르케고르는
   동물학자이자 생물학자였던 Peter Wilhelm Lund(1801-1880)을
   생각하고 있는 것이 분명하다. 그는 미혼이었으나, 그의 두 형제였던
   Johan Christian Lund(1799-1875)와 Henrik Ferdinand
   Lund(1803-1875)는 각각 키르케고르의 두 명의 누나였던
   Nicoine Christine Kierkegaard(1799-1832)와 Petrea Severine
   Kierkegard(1801-1834)와 결혼했다. Peter Wilhelm Lund는
   대부분의 삶을 브라질에서 살았고, 거기에서 멸종한 동물들의
   뼈를 발굴하기 위해 석회암 동굴을 탐험했다. 키르케고르 당시에
   거대한 홍수가 이 모든 종의 식물과 동물을 멸종시켰다는 것이
   전형적인 관점이었다. 이중에 예외적 현상이 이후에 생겨났다. 이런
   예외의 증거가 멸종한 식물과 동물의 화석에서 발견되었다. 더
   급진적인 이론은 모든 종은 홍수 이후 완전히 새롭게 창조되었다고
   추정하였으며, 인간은 이 두 번째 창조의 산물이었다. P. W. Lund는
   정확히 이 문제를 다루었으며, 브라질에서 대홍수 이전의 것을
   발굴했던 것이다. 그는 그의 책 《마지막 대재앙 전의 브라질 동물의
   조사》(Blik paa Brasiliens Dyreverden før sidste Jordomvæltning,
   코펜하겐 1841년)에서 이것을 서술하고 있다.

02 그의 박사 논문인 《아이러니의 개념》에서, 소크라테스의 아이러니가
   수사학(CI, 248; SKS I, 286-287)으로 구성되어 있을 뿐 아니라,
   소크라테스의 전체 삶이 아이러니라는 것을 주장했다.

03 이 부분에서 키르케고르는 아마도 소크라테스의 철학 전체를 생각하고
   있다. 그러나 또한 특별히 플라톤의 작품 중에 《파이드로스》의 구절을
   염두에 두고 있다. 이 작품에서 소크라테스와 젊은 파이드로스는
   도시에서 나와 대화를 나눌 수 있는 조용한 장소를 찾기 위해
   산책한다. 그들이 도착한 장소는 고대 전설과 관련이 있었기 때문에,

파이드로스는 소크라테스에게 이 전설이 사실이라고 믿는지 소크라테스에게 묻는다. 소크라테스는 그런 종류의 질문에 대해 사색할 만한 시간이 없다고 대답한다.

"그런데 나는 그럴 여가가 없네. 여보게, 그 이유는 이렇다네. 델포이의 명문이 지시하듯 나는 아직 나 자신을 알지 못하는데, 내가 그것도 모르면서 다른 일들을 고찰한다는 것은 우스운 일이라고 생각되기 때문일세. 그래서 나는 지금 그런 것들에 관심을 두지 않고 그에 대한 통념을 받아들이면서, 방금 말했듯이 그런 것들이 아니라 나 자신을 고찰한다네. 내가 사실은 튀폰보다 더 복잡하고 더 사나운 짐승인지, 아니면 신적이고 조용한 품성을 타고난 더 온순하고 더 단순한 동물인지 알아내기 위해서 말일세. 그건 그렇고 여보게, 이것이 우리가 말한 그 나무가 아닌가?"―《플라폰전집 II》 천병희 역 (파주: 도서출판 숲, 2019), 20-22쪽(229c-230a)

04 초기 루터교의 교리였다. 완전성의 개념은 발전과 완전함에 대한 기독교의 능력과 관련하여 사용되었다. 18세기 후반부에, 이 이념은 합리주의 신학에 의해 받아들여졌다. 이 신학은 기독교의 역사를 더 큰 완전성을 향한 진보된 발전으로 보았다. 19세기, 완전성의 개념은 헤겔에서 철학과 문학의 역사와 관련된 개념을 통해 다시 나타났다.

05 쇠렌 키르케고르,《관점》임춘갑 역 (서울: 치우, 2011), 135쪽.

06 이 부분에 대하여는 1847년 8월 16일의 일기를 참고하라. 대략 요약하면 다음과 같다.

이제 나에 대한 이해를 통해 하나님께 더 가까이 다가가서 더 깊은 의미에서 나를 찾아야 할 필요성을 느낀다! 내 우울함을 잡아야 한다. 지금까지 그것은 깊이 잠겨 있었고 나의 엄청난 지적 활동이 그것을 유지하는 데 도움이 되었다.…하지만 이제 하나님은 다른 것을 원하신다. 변화를 암시하는 무언가가 내 안에서 꿈틀거리고 있다. [나는] 나 자신을 찾고, 내가 있는 이곳에서 하나님과 함께 나의 우울에 대해 생각하려고 노력할 것이다. 이런 식으로 나의 우울함이 해소되면 기독교가 나에게 더 가까이 다가올 수 있다.(NB2:136, Pap. VIII1 A 250)

키르케고르는 자신의 심리적 방어를 뚫고 우울증을 완화하고 그 밑에 있는 트라우마를 드러내기 위해 일종의 자기 분석을 수행하려는 의도가 있는 것 같다. 그의 탐구는 자신과의 간극을, 자신과 하나님 사이에 존재하는 간극을 좁히는 것이다. 그는 자기 투명성을 달성하고 죄책감과 죄의 트라우마가 풀릴 수 있도록 하나님 안에서 자신으로 존재하기를 희망한다. 그때 너무 고통스럽게도 그에게 억눌렸던 것이 하나님의 용서 안에서 진정으로 망각될 수 있다. 이 일기는 키르케고르가 기독교 종교 시인으로서 경험한 자신과 하나님의 부재와 현존에 대한 감각을 분명하게 보여준다. 그러한 무의식적 동요가 돌파구를 이루고 키르케고르가 마지막 외형적 자기 변화를 겪고 난 다음 8개월이 지났다. 성 목요일 전날인 4월 19일 수요일에 그에게 무슨 일이 일어났다. 그는 다음과 같이 글을 쓰고 있다.

내 본성 전체가 바뀌었다. 나의 은폐와 폐쇄성이 깨졌다. 나는 자유롭게 말할 수 있게 되었다. 크신 하나님이여, 나에게 은혜를 베푸소서.(JP5:6131)

정확히 무슨 일이 어떻게 일어났는지는 알 수 없지만, 그의 우울증은 조금씩 해소되고 있었다. 우리는 이 변화를 가져온 것의 일부를 보려면 그 이전의 마지막 일기로 거슬러 올라가야 한다. 거기에서 그는 구도자들에 대해 쓴다. 그 구도자 중 한 명은 사별로 고통 받고 위로를 받지 못하고 위로가 없다고 믿고 싶은 유혹을 받는 사람이다. 그 구도자가 키르케고르라는 것은 공정하고 합리적인 추측이다. 그는 이제 성 목요일과 성 금요일을 바라봄으로써 약간의 위로를 경험했다. 그가 보는 것은 그리스도의 고난과 죽음이며, 유족에 대한 위로는 그리스도의 죽음에서 시작된다. 자기 존재를 향한 발전은 십자가에서 그리스도의 버림을 경험하는 데서 시작된다. 키르케고르가 애도 과정에서 겪는 버림과 상실의 감정, 그리고 그로 인해 계속되는 우울증에 시달리는 것은 그리스도가 겪은 버림, 즉 하나님으로부터의 하나님의 부재에 의해 상쇄되고 부분적으로 변화된다.

07 변광배,《존재와 무》(파주: 살림출판, 2007), 184쪽.

08 위의 책, 212쪽.

색인